자연 속으로, 마음안으로

자연과 교감하는
새로운 명상법

자연 속으로,
마음 안으로

강명희 지음

담앤북스

무아를 넘어 대아로 나아가는
자연 명상

　명상, 다시 말해 수행이라고 하면 누구나 면벽하고 좌선하는 모습을 연상합니다. 명상은 자기로부터 출발하기 때문에 명상의 전통은 좌선하며 자신을 보는 것이 중심이었습니다. 그러나 명상은 어떤 특정한 모습과 형태로 제한되지 않습니다. 마음을 기울여 있는 그대로 보려 하고 집중한다면 모든 것이 명상이 될 수 있습니다.

　한때 저 또한 전통적인 명상의 목표에 도달하기 위해서는 좌선을 통해 득도해야 한다는 고정 관념이 있었습니다. 사람들을 오래 앉혀 놓으려 노력하고 지도해 온 것도 사실입니다. 그러나 명상은 행주좌와어묵동정行住坐臥語默動靜, 즉 '걷거나 머물거나 앉거나 눕거나 말하거나 침묵하거나 움직이거나 고요하게 있거나'를 되풀이하는 동안 자신에게 늘 깨어 있는 것이 핵심인데, 저는 그동안 좌선만이 명상 방법이라고 착각해 왔다는 것을 어느 순간 깨달았습니다.

좌선이 명상의 한 방법인 건 분명합니다. 하지만 좌선 자체는 목적도 근원도 아닙니다. 좌선도 하고, 주어진 삶도 받아 살아야 하고, 살아가는 다른 대상들과 교류도 해야 하고, 시시때때로 일어나는 사회 문제도 해결하며 사는 것이 진정한 명상이에요.

자신의 문제를 해결하고 바라보기 위해서 좌선 명상도 필요합니다. 그러나 내 마음이 그렇듯 현실에도 문제는 늘 존재합니다. 그렇기에 이를 제대로 보고 극복하고 받아들이는 명상법이 요구되었고, 다양한 모색에 이르렀던 것입니다. 이 같은 생각을 바탕으로 저는 오대산 자락의 백화도량 자연 명상원에서 오랜 시간 도반들과 자연 명상을 이어왔습니다. 그 강의와 자연 명상의 실제를 모아 책으로 내놓습니다.

'나'라는 존재 일반과 '너'라는 대상 일반의 포괄적인 마음—자연—은 항상 관계되어 있다는 연기법이 불교 세계관의 기본입니다. 이는 명상에도 적용되어야 합니다. 좌선을 통하여 나라는 존재 자체에 집중해 들어가는 것도 중요하지만 '너'라는 대상 일반에도 관심을 가져야 합니다. '너'라는 대상 일반의 포괄적인 마음이 자연에 있습니다. 자연은 우리 마음을 담고 있는 또 다른 광활한 마음입니다. 내 마음을 들여다보면 개인적 마음, 개아個我를 알 수 있고 이것을 넘어서 무아無我를 성취할 수 있습니다. 나아가 자연의 마음을 포용하고 받아들이면 집단의 군상을 알 수 있고 이것을 넘어서 대아大我를 성취할 수 있습니다.

넓고 큰 우주적 관점에서 인간을 바라봅니다. 우주의 한 요소로서 자연 속에 놓인 내가 보입니다. 자연과 나는 서로 만들고 만들어 주고 교류합니다. 자연은 없어서는 안 될 우리 생명 활동의 기반이자 삶의 터전입니다. 현생 인류는 그동안 인간 중심으로 자연의 마음을 잊은 채 자연을 지배하며 살아왔습니다. 자연이 우리의 그릇이고 우리의 품이고 우리를 키우는 마음임에도 이를 간과하고 살아왔습니다. 더 늦기 전에 큰마음으로 삶의 방향을 돌릴 때에 이른 것입니다. 자연의 풍성한 마음을 향해 명상을 전환한다면 우리 명상은 분명 개인의 한계를 넘는 대아에 이를 거라 기대합니다.

이 책이 우리 모두의 마음 치유와 확장을 위해 쓰이기를 바라는 마음으로 두손을 모읍니다.

1장

자연 명상이란 무엇인가

자연 명상은 의식적으로 자연에 마음을 대고 자연과 합일하는 명상입니다. (…) 일반적인 명상이 단편적이고 개별적인 명상이라면, 외부를 이용하는 자연 명상은 종합적이고 다발적인 명상이라 할 수 있습니다.

자연이란
무엇인가

나 그리고 자연

먼저 물어볼게요. '나'는 누구일까요? '나'는 무엇일까요? 태어난 지 백일 된 나와 스무 살 청년인 나, 환갑을 맞은 나는 다 같은 '나'라고 할 수 있을까요? 태어나서 자라고 신나게 살다 병들고 늙고 죽는 시간 속에 놓인 '나'는 동일한 존재일까요? '나'라는 실체는 변화하는 과정일까요? 아니면 '나'라고 할 수 있는 고정된 무엇이 따로 있는 걸까요?

상 위에 맛있는 음식이 차려져 있습니다. 그것이 '나'는 아니죠? 그럼 내 위장에 들어온 음식은 '나'인가요? 그 음식을 먹고 키가 커진 '나'는 음식과 무슨 관계죠? 대장 속의 똥은 '나'인가요?

그러면 '나'는 먹고 마시고 숨 쉬고 배출하는 순환 구조 속에 잠시 묶였다 나가는 존재인가요? 위장 속 음식을 '나'라고 생각하던 어제의 나와 배출된 똥을 '나'가 아니라고 생각하는 오늘의 나는 같은 나일까요? 다른 생각을 하니 같은 '나'가 아닐까요? 그럼 나와 '나 아님'은 어떻게 구분해야 할까요?

우리는 알다가도 모를 '나'라는 존재감을 붙들고, 몸과 나의 역사와 생각을 '나'라고 합니다. 그러나 이 '나'는 외부에 의해 만들어졌다 사라지는 변화의 과정일지도 몰라요. '나'라는 존재 일반은 외부에 의해 잠시 형성되었다 흩어지는 것일지도 몰라요.

'나'만 그럴까요? 나의 외부도 나와의 관계 속에서 만들어졌다 흩어지는 것입니다. 그래서 불교에서는 어떤 것에도 고유한 성품은 없다고 합니다. 무자성無自性이라고 하지요.

우리 몸은 외부의 공기와 음식과 햇볕이 들어오지 않으면 한시도 살 수가 없습니다. 외부와 촘촘하게 연결되어 수시로 무언가를 주고받으며 서로 의존해 사는 거죠. 그 외부를 대표하는 것이 자연이며 환경입니다. 자연환경이 없으면 우리 몸은 한시도 존재할 수 없고 유지될 수 없습니다. 자연환경이라는 외부도 '나'라는 개인이 없으면 '이렇게' 존재하지 못합니다. 이렇게 존재할 이유가 없어요. '너'도 그렇습니다. 서로가 공존하며 주어진 시간만큼 이렇게 존재할 뿐인 거죠. 그런데 우리는 이 사실을 거의 망각하고 살아요.

우리는 '나'라는 변화하지 않는 실체가 있다고 생각하고 그것을 지키고 단단하게 쌓으며 변화를 거부합니다. '나'와 다른 '너'를 분별해 '나'는 귀한 존재로 세우고 '내 것'을 만들고 내 것을 지키기 위해 외부와 대립합니다. 나와 다른 '너'는 나를 위해 존재하는 것이라 생각하고, 이용되고 파괴되어도 좋은 대상으로 분별·규정하면서요.

'나'에 대해서도 젊고 아름답고 활기찬 나와 늙고 병들고 구차한 나를 분별해 앞의 나는 좋아하고 뒤의 나는 싫어합니다. 외면해요. 어떻게든 막으려 합니다. 절대적이고 멋진 '나'를 만들어 변하지 않게 하고 사라지지 않게 하려고 해요. 그대로를 유지하려 하죠. 심지어 내가 만든 '나'에게만 그러는 게 아니라 대상과 대상의 마음도 내 마음대로 설정해 잡으려 합니다. 대상이 내 마음대로 살아야 한다고 생각해요. 그래서 괴로운 거지요. 거기서 고통이 시작되는 거예요.

지금의 나라는 존재는 잘 뭉친 구름 덩어리 같은 것입니다. 자연환경에 따라 이렇게 저렇게 변하고 흩어지다 또 뭉치는 것인데 그 흐름을 막으려 하니 힘이 듭니다. 외부의 경계와 자꾸 부딪치고 아프고 괴롭지요. 나를 고집하면 외부는 더 이상 '나'가 아니고 나와 맞선 외부일 뿐입니다. 나를 고집하지 않으면 외부도 나의 일부가 되어 편안합니다. 외부를 받아 나를 세우고 키우고 유지하려는 데서 괴로움은 시작될 수밖에 없어요.

외부와 함께하며 받아들이고 섞이고 변화하고 수용하는 것이 진리의 모습에 가까울 것입니다. 불교에서는 이를 일심一心이라 하고, 불이不二라 하고, 연기緣起라고 합니다. 내부와 외부의 공존과 공감을 현실의 실상實相이라 하고, 유식불교(모든 것은 오직 식(마음)이 드러난 것일뿐임을 밝힌 불교이론)에서는 의타기依他起라고 합니다. '의타기'란 모든 것은 타他, 즉 너에 의해서 일어난다는 것입니다. 외부의 것들에 의해서 내가 형성된다는 것이죠.

그러므로 자연은 '나'이고 '너'이고 '우리'입니다.

자연은 어떻게 만들어지나

자연의 근원을 따지고 들어가면 모두가 지수화풍공식地水火風空識의 결합 구조로 되어 있다고 불교는 설명합니다. '나' 역시 지수화풍공식의 결합 구조로 이루어져 있어요. 지수화풍공식의 결합 구조로 이루어져 있는 '나', 그 '나'의 마음 반쪽이 외부로 나가서 자연을 만든다고 설명하죠. 마음의 일부는 내가 되고 일부는 바깥으로 나가 자연환경을 만든다는 겁니다. 마음이 그렇게 생겼대요. 마음의 반은 안에 있고 마음 반은 밖으로 나갑니다. 이 사람 저 사람에게서 나온 마음들이 합쳐져 외부 환경을 만듭니다. 산을 만들고 강을 만들고 하늘을 만듭니다.

그래서 내 안의 지수화풍공식만 봐서는 자신도 세상도 제대로 알 수가 없습니다. 반쪽만 알뿐이지요. 자연의 지수화풍공식을 같이 봐야 자신도 세상도 제대로 볼 수 있습니다. 원리가 그렇습니다. 실제로 자연을 향해 마음을 열고 자연을 보고 수용하면 굉장히 많은 마음이 들어옵니다. 왜 그럴까요? 자연은 우리의 마음들이 합쳐 만들어진 공업共業이기 때문입니다. 내 삶의 테두리에서 내가 만든 업이 자업自業이라면 자연은 '우리'가 같이 만든 공업입니다.

내 마음의 단단한 지성이 외부로 나가 단단한 성품의 다른 마음들과 뭉쳐 땅이며 산, 바위, 나무를 만들었고, 내 마음의 물기와 유연함과 흐르는 성품이 외부로 나가 물 같은 성품의 다른 마음들을 만나 이슬과 비, 강, 바다를 만들었습니다. 내 마음의 열기와 따뜻한 성품이 외부로 나가 비슷한 성품의 마음들과 모여 태양과 빛과 불을 만들었습니다. 나와 우리 마음의 움직이고 활동하는 성품이 외부로 나가 모여 토네이도나 살랑이는 바람을 만듭니다. 우리 마음의 빈 자리와 공성이 푸른 하늘과 공터, 여백을 만들어요. 우리 마음의 생각하고 판단하는 식識의 성품이 외부로 나가 자연물 각각의 생각, 인식, 마음을 만드는 데 작용하고 있습니다.

반대로 자연의 성품들도 소통하며 들어와 나를 만듭니다. 자연의 지성들은 우리 몸과 마음의 단단한 지성을 만들어 주며, 수성들은 우리 몸과 마음의 흐르는 물 같은 성품을 만들어 주고, 화성들은 우리의 체온과 따뜻함, 온화한 성품을 만들어 줍니다. 풍성들은 우리의 활동성과 자유자재와 변화무쌍을 만들어 주며, 공성들은 우리의 허공과 빈 자리와 여유와 쉼을 만들어 주지요. 자연의 생각과 품성인 식은 우리를 공유와 공감의 생각과 판단들로 이끌어 줍니다. 이렇듯 나와 자연은 각각 따로 분리·고정된 것이 아니라 연결되어 서로 영향을 주고받으며 살아갑니다.

자연과 명상

모든 생명은 태어나 왕성하게 자라 생명력을 구가하다 외부 환경과 시간의 영향을 받아 병들고 사그라지며 죽어 가요. 생명의 이치는 여기에서 벗어난 적이 없어요. 어떤 화려한 꽃도 결국 다 져요. 영구불변해 보이는 우리 행성의 중심인 태양도 삶을 다하면 빛과 열을 잃게 됩니다. 낡아지고 없어지고 흩어졌다 다른 흩어진 것들과 모여 다시 다른 형태로 나타나겠지요. 다른 것이 만들어질 거예요. 만들어진 목적과 이유를 다하고는 또 낡아지고 없어지겠죠. 있는 것은 모두 없어지고, 외부와 교류하며 살다 변화한다는 것이 진리일 거예요. 그 변화를 거부할 때 고통은 시작되는 거고요.

그렇게 보면 병드는 것은 당연해요. 순리에 가깝습니다. 병드는 것이 문제가 아니라 병드는 것을 인정하지 않는 것이 문제입니다. 사랑을 잃는 게 문제가 아니라 사랑을 잃는 것을 인정하지 않는 것이 문제입니다. 이것이 고통의 원인이지요. 욕심은 있음을 계속 연장시키려는 것에서 일어나고, 있음을 연장할 물질을 더 구축하려는 데서 일어나요. 욕심은 끝없이 더하기만 추구할 뿐 빼기는 싫어하는 데서 기인합니다. 그러나 물질의 법칙, 과학의 세계는 플러스의 끝이 결국 마이너스라고 이야기해요. 마이너스가 플러스로 넘어가는 것도 마찬가지이고요.

결국 플러스와 마이너스는 같다는 것이 진리이고, 있음이 곧 없음임을 아는 것이 진리 인식이겠지요. 그것을 머리로만이 아니라 몸으로 알아 가는 과정이 명상입니다. 불교는 신앙이 아니라 체험이라고 이야기하는 것이 바로 이런 이유입니다. 그러니 외부가 내부가 되고, 내부는 외부가 됨을 삶으로 알아 가는 과정이 명상이지요.

눈 감고 앉아서 좌선하는 것도 명상이지만 그것만이 명상은 아닙니다. 삶과 명상 역시 불이법不二法인 거죠. 너와 나도 둘이 아니에요. 나와 세상도 나와 자연도 둘이 아닙니다. 이것이 진정한 '함께함'이며, '더불어 사는 것'이고 '있음 속에서 없음'을 발견하는 것입니다. 이 모든 것이 명상입니다. 물론, 좌선 또한 명상의 탁월한 방법이자 과정입니다.

바다에 가면 엄청나게 광대하고 많은 물을 볼 수 있는데 그 가장자리에서는 계속 파도가 일어납니다. 그것을 보고 있노라면 우리들 삶의 모습이 보입니다. 큰물이 움직임 없음의 근원이라면 가장자리의 파랑波浪이 있음의 파란波瀾으로 보이기도 해요. 바다 안에 큰물처럼 몰아쳐 부서지지 않는 근원이 있는데 우리는 자잘한 욕심과 어리석음을 행동으로, 생각으로, 또 감정으로 이어 가면서 늘 파도치는 것처럼 살아가는 것은 아닐까요?

명상은 파도를 지나 파도 속에 흔들리지 않는 근원을 알아 가는 것이라고 할 수 있습니다. 어떤 물도 받아 주고, 어떤 더러움도 정화하는 바다의 참모습처럼 말입니다. 우리 마음 안에도 지지고 볶는 일상의 모든 것을 받아 주고, 어떤 더러움도 정화하는 바다와 같은 마음이 있습니다. 인생의 꿀맛도 쓴맛도 영원하지 않습니다. 돈도 명예도 젊음도 건강도 사랑도 일시적일 뿐 영원하지 않습니다. 내가 소중하게 여기는 가치도 영원하지 않습니다. 이 세상 자연의 이치가 그렇습니다.

마음이란
무엇인가

본연의 진짜 마음과 가짜 마음

우리 마음 본연의 모습은 깨끗하고 투명하며 비어 있고, 헤아릴 수 없이 넓고 맑으며 분별하지 않고 생각하지 않습니다. 없음에 가깝습니다. 그러면서도 모든 것을 알고 품어 안아요. 뭐든 수용하지요. 그래서 맑은 상태를 늘 유지할 수는 없습니다. 더러움이 들어오면 더러워져요. 시끄러움이 들어오면 시끄러워집니다. 그러다 다시 깨끗해지고 조용해집니다. 마음에 늘상 외부가 들어오고 나가기 때문이에요. 이것을 철학적으로 유와 무의 문제, 존재와 비존재의 문제로 확대해 볼 수 있습니다. 무엇이 먼저인지는 알 수 없지만, 태초에 비어 있는 공간에 뭔가가 들어와 시간이라는 개념이 생기고 정신의 생각 작용이 일어났습니다. 그리고 그것들은 계속해서 쌓이게 됩니다. 쌓인 생각들은 관념을 만들고, 감정을 만들고, 물질을 만들고, 개별적인 몸을 만들었어요.

몸이라는 유한한 물질은 몸을 유지하기 위해 마음 작용을 그 안에 한계 지워 고정하게 되었습니다. 고정하는 것은 뭐든 고통을 양산합니다. 고정은 속성상 변화를 인정하지 않기 때문이지요. 내 것을 유지하려는 의도가 몸을 유지해요. '나', '내 것'이 생기는 순간 나와 너를 가르는 분별과 분리 의식이 만들어집니다. 생각의 분별 작용은 그 형태와 상태에 따라 끊임없이 생사를 반복하는 윤회를 겪으면서 욕심과 분노와 무지의 삼독심三毒心을 펼치고 쌓고 결국 본연의 마음을 덮습니다.

그래서 지금 우리의 몸과 마음은 생사윤회生死輪廻의 과정에서 눈으로 보고, 귀로 듣고, 코로 냄새 맡고, 입으로 맛보고, 피부로 느끼고, 의식으로 생각했던 모든 기록의 종합 합산체입니다. 세세생생 온갖 세계에서 살고 죽으면서 행했던 기록의 종합 합산체입니다. 온갖 존재와 관계 맺고 살았던 인연의 종합 합산체이기도 하고, 살고 죽으면서 생각한 온갖 범위의 종합 합산체이기도 합니다. 이를 유식불교의 용어로 아뢰야식阿賴耶識이라고 합니다.

그런데 이런 종합 합산체의 마음은 시시각각 새로운 것이 보태지고 비워지는 것이기에 그 종합 합산체 자체가 본연의 마음은 아님니다. 합산체는 본연의 마음을 덮은 거죽에 해당하고 가짜 마음인 거지요. 이 가짜 마음은 짧은 시간 속에 놓인 지금의 나에게 너무나 익숙해서 지금 나의 몸과 느낌, 감정, 생각, 행동, 판단 등이 진짜 '나'라고 여기게 하는 모순을 범해요.

그러니 우리는 본연의 진짜 마음을 알아야 합니다. 진짜 마음은 우리 마음 안에 비어 있는 마음이요, 대상을 이유 없이 받아들이는 마음이며, 모든 걸 수용하면서 알고 관조하는 마음입니다. 원래 우리 본성의 마음은 보고 듣고 생각하고 시비하며, 좋고 나쁨을 판단하는 가짜 마음과 달리 모든 것을 수용하고 대상 그대로를 비추는 마음이에요. 이 마음이 언제인가부터 자신의 물질·느낌·행위 일반과 번뇌(자신과 타인을 시달리게 하는 생각 작용)에 지배받아, 타인과 대상을 분별하고 외면하고 거부하면서 본질과 자유로움을 잃게 되었습니다. 나와 남의 분별이 없는 본연의 마음이 대상과 상황을 있는 그대로 비춰 봄에도 끊임없이 일어나는 번뇌에 가려지게 된 거지요. 이미 기록된 종합 합산체로 들어찬 나에 대한 집착과 전생부터 이어져 온 습관에 의해서 우리는 본연의 성품을 잃고 대상을 분별하고 판단하게 되었어요.

이 가짜 마음은 어떻게 만들어졌을까요. 가짜 마음이 만들어지는 메커니즘에 대한 이해가 필요합니다.

가짜 마음의 메커니즘

우리의 마음에는 이미 내가 했던 모든 몸·입·의식의 작용이 기록되어 있습니다. 그런데 이 몸·입·의식의 작용은 객관적인 세계의 대상을 만날 때 작동하는 것입니다. 그래서 눈·귀·코·혀·몸으로 대표되는 5관의 마음은 끊임없이 객관적인 세계의 색깔과 형태를 받아들이고, 다양한 소리를 들으며, 갖가지 냄새를 맡고, 먹으며, 느껴요. 또한 객관적인 모든 현상과 작용을 받아들여 마음 안에 모아 놓고 '나'라고 인식해요. 그것을 기준으로 판단하고, 집착하고, 싫고 좋음을 분별해요. 우리의 마음은 특정 사물의 색깔과 모양을 보고 좋다 싫다 기록해 놓은 취향으로 분별하기도 하지만, 그 사물의 마음과 놓인 상황 및 분위기와도 교류하고 저장하고 있어요. 그 사물 자체를 좋아하기보다 그 사물이 놓였던 상황을 좋아한다는 말이기도 해요. 그래서 그 사물을 좋아하는 걸로 착각하는 거죠.

객관적인 세계의 모든 작용을 내 의식의 이러한 생각 작용으로 분별해 저장합니다. 착각한 것조차도 저장합니다. 그뿐 아니라 우리 마음은 의식이 있을 때나 의식을 잃고 있을 때나 잠자고 있을 때나 몸을 벗고 죽을 때조차 한결같이 자연 속에 있는 수많은 존재와 영향을 주고받으며 교류하고 저장해요.

우리의 마음은 5관과 의식으로 지금 이 순간에도 자연 및 환경과 교류하고 소통하고 있으며, 내 좁은 의사와 무관하게 전방위적으로 교류하고 있는 것이지요. 즉 우리의 마음은 좁은 내 의사를 넘어서 자연의 여러 층과 결합되어 있으며, 늘 자연의 마음과 소통합니다. 이렇게 넓게 소통하고 수용하는데, 저장된 좁은 의식이 이를 거부하고 인정하지 않으면 마음은 다시 부정하는 그 모든 것을 기록하고 저장합니다. 내 마음이 저장된 의식대로 분별하여 좋아하고 싫어했을 뿐인데, 좋아하는 것은 그냥 흘러가고 싫어하는 것은 마음에 100퍼센트 저장됩니다. 누구나 그래요. 싫어하고 부정하는 것은 자신의 마음에 100퍼센트 저장되고, 대상과 교류하고 수용한 마음은 오히려 내 안에 저장, 고정된 좁은 마음까지 녹여요. 밖으로 나간 마음의 일부는 그냥 객관계를 이루며 흘러 다니기도 하고, 나름의 변화를 계속하기도 하지요. 분명한 것은 대상을 수용해서 개합하면 대상의 마음이 나에게는 쌓이지 않는다는 것입니다. 수용하는 마음은 지금의 나를 좌지우지 흔들지 않아요.

자연의 마음

자연의 마음은 우리가 가짜 마음을 내려놓고 진짜 마음으로 가는 데 도움을 줍니다. 본성의 마음을 가리는 가짜 마음은 대부분 나의 욕심과 분노와 무지로 집착해서 저장한 것이며, 싫어서 외면해 저장한 마음입니다. 그렇게 만든 강한 자아 개념에 오염된 마음이에요. 생사를 반복하면서 행했던 몸과 말과 생각의 삼업三業에 의해 만들어졌지요. 그런 가짜 마음을 중심에 놓고 그저 환경으로 존재했던 불특정 다수의 타인, 대상, 자연, 공간, 분위기, 우주 법계를 저장하고 있기도 합니다. 그냥 저만큼 떨어져 있는 나무와 지나가는 행인을 저장하기도 했다는 것입니다. 그래서 명상을 하다 보면 아는 것도 비워지지만 모르는 것도 확확 비워집니다. 왠지 가벼워집니다. 이런 알 수 없는 불특정 다수의 것들을 저장한 마음까지 관찰하는 것이 자연 명상입니다. 깊고 넓은 나의 마음이기도 하지만 외부로 연결되어 자연으로 펼쳐지는 광대한 마음까지 관찰하는 것이지요.

자연의 지·수·화·풍·공·식 요소 각각과 호응하는 우리의 마음 요소도 각각 있습니다. 지성의 마음, 수성의 마음, 화성의 마음, 풍성의 마음, 공성의 마음, 식성의 마음이 따로 또는 서로 뭉치거나 섞여 우리 몸을 만들고 성품을 만들고 행위를 만들기 때문이에요. 그래서 요소별로 교류하고 소통하기도 합니다. 자연 명상은 마음의 그러한 특성에 기반하는 명상입니다. 개인 업은 자업이라고 하고 공통 업은 공업이라고 합니다. 자업은 개인이 대상 속에서 내 생각 중심으로 꼭 잡아 나를 만든 스스로의 업이고, 공업은 늘 함께하는 환경과 자연 속에 있는 모두가 함께 만든 업입니다.

다시 말해 공업은 기후나 공기, 지역의 특성처럼 현재 나의 삶을 에워싸고 영향을 주고 있는 것이지요. 미세먼지나 코로나19, 팔레스타인 지역의 분쟁을 생각하면 알 수 있습니다.

땅속으로 들어가 보면 표면층, 암석층, 맨틀, 외핵, 내핵 등 여러 단계가 있듯이 우리 마음도 안으로 들어가면 여러 단계의 층으로 이루어져 있습니다. 마음의 표면은 단단하고 거친 지성의 고체층이고, 그 속에 조금 유연하고 부드러운 지성 단계가 있으며, 그 안에 물같이 흐르는 수성층이, 불이나 바람 같은 화성층과 풍성층이 있습니다. 쑥 더 들어가면 푸른 하늘처럼 넓은 허공, 텅 빈 공간층이 나옵니다. 고체 상태의 지성 단계층은 물질적인 요소를 많이 담고 있으며, 수성 단계층은 감정과 느낌 요소를 많이 담고 있어요. 화성이나 풍성 단계층은 생각이나 에너지 요소가 많이 담겨 있지요. 가장 안의 텅 비어 있는 허공 단계 공성층이 모든 것을 받아들여 수용할 수 있는 기능 아닌 기능을 담고 있다고 볼 수 있습니다.

다양한 자연을 활용해 각각의 요소로 이루어진 자기의 마음을 잘 관찰하면 가장 안쪽 넓고 넓은 수용의 마음층에 도달합니다. 공성층까지 관찰할 수 있습니다. 외부 환경과 자연은 개인의 몸과 마음보다 광대합니다. 이 광대한 마음은 늘 우리들 각각의 마음과 연결되어 있고 서로 영향을 줍니다. 저 하늘도 나의 마음과 연결되어 변화하고 있고, 저 태양과 어둠은 내가 인지하지 않은 사이에도 나와 공존합니다. 지금 이 시간에도 나의 마음 일부를 만들어 주기도 하고 없애 주기도 하지요.

우리는 일상 속에서 눈으로 보고, 귀로 듣고, 코로 냄새 맡고, 혀로 맛보고, 몸으로 감촉하고, 의식으로 생각하는 것을 반복하며 살아요. 그런데 그러한 일상 속에 보지 않고, 듣지 않고, 냄새 맡지 않고, 맛보지 않고, 감촉하지 않고, 생각하지 않는 진짜 마음이 늘 있다는 것은 모르고 살아가지요. 진짜 마음을 알아 가는 과정을, 자연을 통해서 알아 가는 것을 자연 명상이라고 할 수 있습니다.

명상이란
무엇인가

명상은 자기를 알아 가는 과정을 통해 '나'를 넘어서는 본래 마음의 본성과 이치를 찾는 것입니다. 본래 마음의 본성은 마음의 근원, 다시 말해 공과 지혜라고 할 수 있어요. 공은 허공과도 같고, 지혜는 허공 하늘에 빛을 비추는 것과 같아요. 허공 속에 빛을 비추면 허공뿐 아니라 날아다니는 온갖 먼지와 티끌까지 모두 선명하게 드러나잖아요. 모든 것이 있는 그대로 드러나요. 오염이 있으면 오염까지도 다 보입니다. 이치를 안다는 것은 본성의 마음과 오염된 마음의 관계를 아는 것입니다. 이때 지혜는 햇빛과 같은 것입니다. 지혜가 열리면 '허공은 먼지와 티끌을 품어 안으며, 먼지와 티끌은 허공 속에서 일어나 존재하고 없어진다'는, 다시 말해 모든 것은 연기적 관계라는 이치를 알게 됩니다.

　마음의 본성을 찾아가는 길은 쉽지 않습니다. 마음의 표면은 물질로 쌓여 있고 물질에 대한 헛된 망상과 생각과 감정으로 단단하게 뭉쳐 있어요. 마음은 싫고 좋은 분명한 감정이 뭉쳐 있어 우리는 끊임없이 이 감정에 기반한 말과 행위를 해요. 의식주를 해결하기 위한 행위를 하고, 성취하려 하며 잡으려 해요. 헛된 인식과 판단으로 얼룩져 괴로워하고, 허위의식으로 자신을 부풀립니다. 그러니 진흙탕 길도 가고, 돌길도 가고, 막다른 길에서 헤매기도 합니다. 온갖 우여곡절을 겪게 되지요. 선각자들은 우리처럼 그 갈팡질팡한 삶 속에서 헤매다가, 등불과 같은 지혜의 빛이 늘 말없이 비추고 있다는 것을 불현듯 깨달았습니다. 우리는 지혜의 등불이 코앞에 있어도 알지 못합니다. 등불은 구름에 가리듯 물질에 가려져 있어 우리는 등불을 코앞에 두고도 평생 어둡게 살아갑니다.

　어둠이 사라지지 않는 이유는 등불을 가리는 몸이라는 가림막과 생각이라는 가림막이 있기 때문입니다. 케케묵은 심리와 감정과 기억과 생각이 꽉 들어차 있어서입니다. 지혜의 등불을 찾으려 해도 방해하는 의식이 있어서 쉽게 찾을 수가 없어요. 다행인 건 마음은 언젠가는 제자리를 찾아서 진리의 길을 가게 되어 있다는 거예요. 장애물에 가려져 있어도 지혜는 늘 존재하기 때문에 본래 자리로 갈 수 있게 길잡이 역할을 해 주거든요. 지혜는 늘

제 길을 가도록 등불을 환히 비추고 있어요. 명상은 그 지혜의 등불을 찾아가는 과정입니다. 의식으로 지혜를 가리는 가림막을 걸어 내는 것이지요.

가림막을 걸어 내는 방법에는 여러 가지가 있습니다. 몸에 집중하는 법, 감정에 집중하는 법, 생각에 집중하는 법, 행위에 집중하는 법, 기억에 집중하는 법이 있습니다. 하나하나 살펴보겠습니다.

몸에 의식을 집중하는 것

마음의 세계에는 불가사의한 것이 있습니다. '의식'입니다. '의식의 작용'입니다. 의식의 작용을 보겠습니다. 의식을 눈에 집중하여 의식이 눈 속 마음에 닿으면 눈이라는 감각 기관에 들러붙어 있는 왜곡, 장애, 과거의 기억들이 녹아 사라집니다. 신기한 일입니다. 의식은 가짜 마음을 녹이는 작용을 합니다. 사실 의식은 지혜라는 등불을 장착하고 있기 때문입니다. 지혜는 빛과 같아서 모든 존재를 살리기도 하고 굳어진 것을 녹이기도 합니다. 의식을 몸에 대고 집중하면, 외면하고 회피해 온 왜곡된 기억들이 몸에 붙어 있다는 것을 알게 됩니다. 계속 집중하면 그것들이 떨어져 나와 사라지는 것을 알 수 있습니다.

몸에는 다섯 가지 감각 기관이 달려 있고 장기가 있고 머리와 가슴이 있고 팔다리가 있습니다. 그 하나하나에 의식을 대고 집중하여 몸의 상태를 알아 가는 게 몸 관찰 명상입니다. 예를 들어 의식을 입에 대고 집중해서 입의 상태를 알아 가는 것입니다. 입에 의식을 집중하여 입에 자리하고 있는 마음을 아는 것이지요. 의식을 귀에 두거나 코나 심장에 두면서 그 안의 마음을 녹이고 사라지게 하는 것이 몸 관찰 명상입니다.

이때 의식이 다른 생각으로 가지 않고 몸의 한곳을 계속 보게 집중하는 것이 중요합니다. 늘 함께하는 지혜가 작동하면 의식은 더 밝게, 더 진지하게 몸의 뭉친 부분을 찾아갑니다. 의식이 아픈 장기에 머물기도 하고, 아픈 무릎 관절에 머물기도 하지요. 답답한 가슴에 머물기도 하고 빡빡한 어깨에 머물기도 해요. 몸에서 일어난 반응에 의식을 대고 집중하는 것을 명상 용어로 사띠sati라고 합니다. 중국 선각자들은 염念이라고 했지요. 염력念力이라는 말에 쓰는 염 자와 같습니다.

평소에 몸이 아프면 저절로 아픈 곳에 의식이 집중되는 경험을 누구나 했을 것입니다. 그것도 일종의 명상입니다. 그때보다 의식을 더 길고 진지하게 아픈 곳에 두면서 현미경으로 들여다보듯이 집중하는 것이 몸 관찰 명상이에요. 통증이 왜 생겼는지 그 원인을 밝혀서 해결하려고 통증을 예의 주시하는 것, 그것이 사띠입니다. 의식을 한곳에 모으는 것은 해결하고 싶은 간절한 마음만 있으면 누구나 가능해요. 이 해결하려는 간절한 마음을 불교 용어로는 발심發心이라고 합니다. 명상 중 사띠에 이르려면 발심이 필요하지요. 통증이라는 마음속으로 의식이 깊게 들어가는 것을 인도에서는 사마타śamatha라고 했습니다. 고요와 평온이라는 뜻인데 중국 사람들은 마음 활동이 '그친다'는 뜻에서 '지止'라고 번역합니다. '삼매三昧, samādhi'와도 통하지요. 마음이 대상과 일치하면 안정되기 때문입니다.

불교에서는 본래 마음으로 들어가는 과정을 선정dhyana 또는 정定이라고 해요. 몸에 의식을 대고 의식이 안으로 깊게 들어가야, 다시 말해 사마타를 해야 선정에 도달할 수 있습니다. 의식을 계속 한곳에 대고 들어가 보는 거예요. 의식을 한곳에 계속 대고 있는 것이 쉽지는 않습니다. 일상 속 우리의 마음은 매우 부산하고 산만하기 때문입니다. 구름 너머에 맑고 밝은 빛과 공의 세계가 있지만, 그 세계로 진입하기는 어려워요. 구름이라는 업장의 가림막이 존재하기 때문입니다. 구름층에서는 천둥도 치고 번개가 일어나기도 하지요. 그럴 때 구름층에 있는 가짜 마음, 업식業識이 우리의 의식을 계속 다른 곳으로 가게 합니다.

명상은 쓸데없는 짓이라는 생각이 들기도 하고 돈 생각, 일 생각이 일어나기도 합니다. 케케묵은 옛날의 억울한 감정도, 화도 나옵니다. 그래도 의식을 다독이며 한결같이 한곳에 대고 마음

안으로 들어가게 해야 합니다. 이 과정에서 '이 슬픔의 원인을 반드시 알고 내려놓겠다'는 발심이 있으면 물러서지 않습니다. 그렇게 하는 것이 사마타이고 그 단계를 거쳐야 선정에 듭니다. 선정에 들어가면 비로소 우리 마음 안에 온갖 트라우마, 습관, 기억, 싫고 좋은 감정들, 과거의 행위, 삶과 죽음이 뒤얽혀 있음을 알게 됩니다. 알아차리며 마음 안으로 진입할수록 업식들은 구름이 흩어지듯이 사라지게 됩니다.

물질계에 사는 우리는 몸을 엄청나게 아끼고 사랑합니다. 그래서 병이 나면 겁이 나고 별의별 생각이 다 들어요. 몸속 마음에는 가림막 역할을 하는 수많은 기억들이 간직되어 있거든요. 그 기억들이 병으로 드러나는 것이라고 볼 수 있습니다. 몸속에는 감정도 있고 의욕도 있고 생각도 있고 전생의 기억도 있습니다. 그래서 몸 관찰 명상을 하다 보면 알 수 없는 감정이 갑자기 튀어나오기도 해요. 느닷없이 두려움·슬픔·억울함·불안들이 나오는데, 그런 감정을 외면하지 않고 직면하면서(사띠하면서) 안으로 더 들어가 보는 것이 감정 관찰 명상입니다. 그 감정을 직면하면 변하거나 풀리거나 없어집니다. 만트라mantra를 읊거나 염불을 계속해도 감정이 올라와요. 일정한 소리를 계속 듣거나 읊조리면 마음이 건드려져서 마음속 맺힌 감정이 드러나거든요. 의식을 집중하고 어떤 동작을 반복해도 마음을 건드려 내면의 마음이 드러납니다.

일정한 동작을 계속하거나 의식을 한곳에 집중해 마음 안으로 진입하는 것이 사마타이고, 그곳에 담긴 마음이 드러나는 것을 보는 게 위빠사나vipassana입니다. 위빠사나를 한자로 표기할 때는 볼 관觀 자를 씁니다. 뭔가를 보고 관찰한다는 뜻이지요. 사마타는 마음으로 들어가는 객관적 의식이고, 위빠사나는 마음이 드러나는 주관적 의식이라 할 수 있어요. 이런 사마타와 위빠사나의 전 과정을 명상이라고 하는 것입니다.

감정에 의식을 집중하는 것

감정이 일어나면 감정을 그대로 느끼는 것도 명상이요, 감정이 드러나게 하여 마음속 감정을 알아차리는 것도 명상입니다. 처음에는 드러난 감정과 보는 마음이 구분되어 있지만 감정이 사라지면 보는 마음만, 다시 말해 위빠사나만 남게 되지요. 감정에 의식을 계속 두고 있는 명상이 쉽지는 않습니다. 감정은 물 같기도 하고 연기 같기도 하거든요. 감정이 마음 안에 뭉쳐 있을 때는 물질처럼 느껴져 의식을 계속 대고 들어갈 수 있지만, 감정이 나올 때는 물이 쏟아지듯, 연기가 퍼지듯 나오기 때문에 자칫 의식을 놓치게 됩니다. 갑자기 물벼락을 맞거나 독한 가스를 맡거나 강한 불길을 만나면 정신을 차릴 수 없잖아요. 그 상황이랑 비슷해요.

감정에 의식을 대고 집중하는 감정 관찰 명상이 어려운 이유가 그것입니다. 그런 점에서는 몸을 관찰하는 위빠사나가 상대적으로 쉽다고 볼 수 있지요.

감정 관찰 명상을 잘하려면 방법이 있습니다. 감정이 일어나면 가능한 한 행위를 멈추고 일어난 감정에 의식을 집중하세요. 행위와 말을 멈추고 그대로 있어 보세요. 시간이 답입니다. 강한 감정을 마주하면 몸에 후끈 열이 나거나 떨리거나 눈물이 쏟아지거나 가슴에서 통증이 일어날 수 있어요. 두렵고 외면하고 싶기도 합니다. 그래도 감정에 반응하는 몸에 집중하면서 감정을 그대로 느껴야 합니다. 강한 감정이 올라올 때 도망가거나 대상의 탓으로 여겨 말과 행위로 옮기지 않는 것이 중요합니다. 내 감정을 건드린 대상과 싸우지 않는 것이 중요합니다. 일상에서 싫고 좋음을 반복해 뭉친 마음이 발현되는 게 감정이거든요. 싫고 좋은 마음을 많이 반복할수록 감정이 강렬합니다. 감정 명상은 감정이 일어나는 그 순간에 바로 알아차려 보는 것이 효과적입니다.

예를 들어 어머니와 이야기하다가 부딪침이 생기면 화가 나잖아요. 화날 때 화내는 나를 바로 알아차려요. 그다음에는 일어나는 현상을 지켜보세요. 내가 부들부들 떠는지, 말대꾸를 하는지, 말을 막는지, 열을 내는지, 눈에서 불이 나오는지, 눈을 피하고 외면하는지 내 반응에 집중해 봅니다. 올라온 내 감정과 내 몸의 반응을 알아차려 봅니다. 의식을 감정에 대고 감정이 올라왔다 꺼져 가는 과정에 의식을 집중해서 계속 지켜봐야 합니다.

그래도 강한 감정이 계속 지속될 때는 얼른 자리를 피하는 것도 방법입니다. 그럴 때는 강한 업력 에너지를 빼는 것이 필요합니다. 또 다른 카르마를 만들어 붙이지 않아야 하니까요. 먼저 자리를 정리하고, 걷거나 물을 마시거나 세수를 하며 감정을 식혀야 합니다. 감정을 식히고 좌선을 합니다. 이 모든 과정이 감정 관찰 명상입니다.

늘 하는 생각을 보는 것

우리는 늘 생각을 하고 삽니다. 그러면서도 생각 자체에 집중해 보지는 않아요. 생각 명상은 떠오르는 생각 자체에 의식을 대고 집중하는 것입니다. 생각은 갑자기 올라왔다 부지불식간에 사라지기도 하고, 금방 다른 생각으로 옮겨 가기도 합니다. 관찰이 쉽지 않습니다. 감정 명상은 올라온 감정이 가라앉을 때까지 기다리는 것이 중요하다면, 생각 명상은 생각하고 있는 나를 인식하는 것이 중요합니다. 생각 자체를, 이런저런 생각에 딸려 가는 나를 그대로 바라볼 수 있어야 합니다. 같은 생각이 늘 한결같이 일어나지는 않잖아요. 생각은 들쭉날쭉합니다. 한순간에 천 리도 갑니다.

생각 관찰에도 방법이 있습니다. 일단 좌선을 하며 내가 무슨 생각을 하는지를 봐야 합니다. 짧든 길든 시간을 정해 놓고 내 생각을 전체적으로 관찰해 보세요. 내가 무슨 생각을 주로 하는지 보는 것입니다. 내가 애인 생각을 자주 하는지, 자식 생각을 자꾸 하는지, 과거 생각을 많이 하는지, 미래 계획을 반복해 세우는지, 먹을 것만 생각하는지 내 생각의 특징을 봅니다. 의식을 집중해서 대고 있는 것이 생각 사띠 명상이고, 생각을 파고 들어가는 것이 생각 사마타이며, 생각이 변하고 또 다른 생각이 일어나는 마음의 과정을 지켜보는 것이 생각 위빠사나입니다. 사띠와 사마타와 위빠사나가 동시에 일어날 수도 있어요.

마음의 크기는 어마어마합니다. 몸의 크기와는 비교할 수 없을 만큼 거대합니다. 게다가 마음의 근원으로 들어가면 비어 있고 지혜의 빛만 있어요. 그래서 생각이 왜 일어나는지 관찰해도 이유를 발견하기 어려울 때가 많아요. 생각을 하지 않으려 해도 생각이란 놈은 쉽게 없어지지 않아요. 구름 덩어리가 퍼지는 데 이유가 있겠어요? 바람이 불어도 구름은 퍼지고 바람 한 점 없어도 때가 되면 구름은 흩어집니다.

생각도 마찬가지입니다. 그저 일어났다가 사라지고 또 다른 생각이 일어났다가 사라집니다. 구름이 계속 변화하는 것처럼 생각도 수시로 변화합니다. 생각을 잡으려고 하지만 그 생각은 유지할 수가 없습니다. 그냥 내버려 두면 흘러가요. '이런 생각을 하다가 저런 생각으로 넘어갔다가, 결국 생각은 없어지는구나…' 흩어져 사라지는 생각을 관찰하는 것이 생각 명상입니다. 생각에 끌려가지 않으려는 노력은 필요합니다. 생각에 끌려다니다 보면 나를 객관화하는 명상은 불가능하거든요. 꼬리에 꼬리를 무는 생각은 끊어 낼 필요가 있습니다.

생각을 계속 관찰하다 보면 그것이 허망함을 알 수 있습니다. 그런데도 우리는 생각의 지배를 받지요. 생각 자체의 지배를 받는다기보다는 생각 너머에 있는 구름 덩어리 같은 허상의 마음에 영향을 받는 것입니다. 그것도 모르고 생각을 자기로 착각하는 거지요. 생각은 늘 변합니다. 무상無常한 것입니다. 생각을 사마타하면 생각 없음을 저절로 알게 됩니다. 그렇게 알아차리는 의식이 순수 위빠사나입니다. 생각을 사마타해야 생각의 덧없음을 알 수 있고, 생각 덩어리가 이렇게 저렇게 낱개로 변하는 과정을 알 수 있습니다. 생각 하나하나에 의식을 두는 사띠야말로 명상의 필수 조건이지요. 생각이 줄어야 알아차림이 많아집니다.

자신의 행위를 지켜보는 것

행위를 보는 것도 명상입니다. 나의 행위 하나하나에 의식을 두고 지켜보는 것입니다. 밥 먹을 때, 길을 걸을 때, 일할 때, 누가 나를 놀라게 할 때, 나의 행동에 의식을 계속 두는 것이 행동 사띠 명상입니다. 내 행동에 의식을 계속 두면 행동 하나하나가 객관적으로 보이고, 그 행동을 하는 의도가 보여요.

놀라서 몸이 굳어지고 허둥대며 도망가는 모습을 지켜보는 것도 행위 명상입니다. 항상 빠르게 걷고 빠르게 행동하는 사람이 있어요. 그 빠른 걸음을 주의 깊게 관찰해 보면 왜 그러는지 알게 돼요. 내가 팔을 휘저으면서 팔자걸음으로 걷는다고 칩시다. 그렇게 걷는 내 모습을 의식으로 지켜보면서 집중하는 것이 행위를 통한 사마타 명상이에요.

걸으면서 발바닥이 땅에 닿는 순간을 의식으로 계속 관찰하여 드러난 마음을 위빠사나하는 것을 경행經行이라고 합니다. 경행은 붓다 수행법의 전통이기도 하지요. 경행은 행위 명상에 해당합니다. 행위 명상은 행위 하나하나에 의식을 두고, 행위 속의 마음을 알아 가면서 녹이는 것입니다.

밥 먹는 것을 관찰하는 것도 행위 명상에 들어갑니다. 음식을 집는 것, 씹는 것, 식도로 넘기는 것, 많이 먹어 배가 부른 것을 보는 것도 모두 행위 명상의 대상입니다. 음식을 가리거나 편식을 하는 것도 마음이 행위로 표현되는 거잖아요. 몸의 움직임도 업식의 표현입니다. 업식은 몸으로도 감정으로도 생각으로도 나타나고 말과 행동으로도 나타납니다. 행동으로 나타나는 것을 신업身業이라고 하지요.

말을 관찰하는 것도 대표적인 행위 명상입니다. 자신의 마음을 말이라는 행위로 표현하기 때문입니다. 불교에는 소리를 이용하는 명상법이 많습니다. 만트라나 염불을 외는 것, 목탁 소리나 종소리를 집중해 듣는 것이 그 예이지요. 모든 소리는 마음과 소통하는 기능을 갖고 있어요. 우리는 말로, 소리로 대상과 교류하거든요. 소리가 말로 나올 때 여러 가지 마음이 실립니다. 우리는 말로 얼마나 상대를 힘들게 하고 멍들게 합니까? "말 한마디로 천냥 빚도 갚는다."는 속담이 괜히 생긴 건 아닙니다.

오늘 친구를 만났는데 친구에게 하는 말에 화가 섞여 있습니다. 어제 친구하고 있었던 일 때문에 마음이 상해 말소리와 내용이 곱지 않아요. 이렇게 내가 하는 말을 관찰하는 것이 말 관찰 명상입니다. 말은 행동을 동반하기도 하지만 감정과 사고 구조를 반영하기도 합니다. 그걸 관찰하면 내 안에 쌓여 있는 심리 구조를 보게 해요. 한 번에 보게 되지는 않습니다. 말할 때마다 의식을 집중하려고 노력해야지요.

말은 하고 듣는 과정이 일방적이지 않아 좋은 소통 명상 기제이기도 합니다. 생각이 말로 나오는 경우도 많기 때문에 내 생각의 경향을 알아차릴 수 있습니다. 나의 견해와 논리와 습관이 말로 나오기 때문에 말을 사마타하고 위빠사나하는 명상이 중요합니다. 나의 말에 의식을 대고 말하는 의도에 집중하고 말로써 드러난 마음을 보는 것입니다. 이런 과정이 말 관찰 명상, 구업口業 관찰 명상입니다.

자신의 기억을 꺼내 보는 것

우리 마음 밑바닥에는 수많은 기억이 들어 있습니다. 어제의 경험과 감정도 마음에 저장되지만 내 평생의 경험과 감정, 마음도 마음 기억 창고 속에 들어차 있어요. 이번 삶뿐 아니라 수많은 전생의 삶까지 기억하고 있습니다. 내가 사용하는 물건을 두는 창고가 있다고 칩시다. 조금 전에 넣은 물건은 바로 기억하지만, 몇 년 전이나 어릴 적에 둔 것은 기억이 가물가물하잖아요. 마음 기억 창고 속에 집어넣은 기억들도 마찬가지입니다. 수많은 기억이 가득하지만 그것을 다 기억해 낼 수는 없어요.

마음 기억 창고에 있는 기억들은 의식을 집중해 찾아보지 않으면 알 수가 없습니다. 마음 기억 창고에 의식을 집중해 묵은 기억을 정리하고 청소하는 것이 기억 관찰 명상입니다. 의식을 기억에 대고 집중하다 보면 마음의 빗장이 열립니다. 알 수 없었던, 깊이 묻혔던 기억이 의식 표면으로 올라와요. 영상으로 나타나기도 하고 감정이나 사연으로 나타나기도 해요.

마음 기억 창고에는 욕심, 화, 무시와 외면, 나를 내세웠던 기억, 의심, 괴로움, 편견과 고집이 가득 차 있습니다. 이 기억을 하나하나 찾아내 관찰하고 털어 내는 것이 명상입니다. 현재와 가까운 기억, 가까운 인연의 기억은 어렵지 않게 찾아요. 항상 욕심내는 것은 찾기 쉽고 집중하기 좋아서 빨리 끄집어낼 수 있어요. 그것을 욕심 관찰 명상이라고 할 수 있습니다.

기억 관찰 명상의 대상은 무궁무진합니다. 비우면 비울수록 대상과 세상을 많이 수용할 수 있습니다. 공성과 지혜를 얻기 위해 하나하나 알아 가고 찾아 비우는 겁니다. 인생길이 멀고 험하지만 결국 종착점에 다다르는 것처럼 마음의 근원으로 가는 명상도 그렇습니다. 명상 방법도 많고 사람마다 경험도, 차원도 다릅니다. 헤매기도 하지만 결국은 목적지에 도달하게 되어 있습니다. 직진하거나 헤매거나 돌아가도 명상의 종착지는 같습니다. 아이러니하게도 아예 가지 않더라도 종착지는 같아요. 마음의 본성인 공성과 지혜는 누구에게나 있기 때문입니다.

그래도 명상의 길을 같이 가자고 하는 데는 이유가 있습니다. 명상을 해야만 찾을 수 있는 길은 아니지만 명상이 종착지를 쉽고 편안하게 인식하도록 해 주거든요. 그래서 삶도 편안히 받아들이게 해 줍니다.

자연 명상이란
무엇인가

자신의 몸과 감정, 생각, 행동, 기억의 한곳을 택해 의식을 대고 집중해 들어가 보고 알아차리는 것을 명상이라고 합니다. 자신의 의식을 이용해 자신을 보고 비울 수 있게 하는 가장 일반적인 방식입니다. 명상의 기초라고 할 수 있습니다. 일상에서도 실제로 많은 것을 해결할 수 있는 중요한 과정입니다.

자연 명상은 의식적으로 자연에 마음을 대고 자연과 합일하는 명상입니다. 이때 자연은 땅·물·빛·바람·허공과 그 속에 담겨 있는 마음을 의미합니다. 일반적인 명상이 단편적이고 개별적인 명상이라면, 외부를 이용하는 자연 명상은 종합적이고 다발적인 명상이라 할 수 있습니다. 5관으로, 인식으로, 마음으로 자연과 소통하고 자연을 받아들이는 방법입니다.

자연 명상의 시작은 쉽습니다. 그저 자연을 보고 듣고 느끼고 만지고 감탄하는 것도 자연 명상이에요. 그냥 걸어도 자연 명상입니다. 걸으면 땅이 내 마음에 굳건히 닿고 옆에서 보이는 강물은 어우러지면서 촉촉하게 다가와요. 햇빛은 따뜻하게 마음을 녹여 주고 바람은 식혀 주고 뭉친 감정들을 몰아내 주지요. 멀리 보이는 허공은 그냥 품어 줘요. 나의 욕심도 어리석음도 뭐라 하지 않고 그저 인정해 줍니다. 파란 하늘의 시원함을 알아차리기만 해도 편안하고 충분합니다. 자연을 보기만 해도, 만나기만 해도 마음이 좀 뚫립니다.

더 깊이 들어가고 싶다면 다음 단계는 자연에 의식을 대고 집중하는 것입니다. 자연을 그대로 수용하는 과정입니다. 그다음에는 그 시간만큼 좌선을 통해 수용된 자연이 내 안에 들어와 몸과 마음에 주는 반응을 관찰해 알아차리면 좋습니다. 함께해 보겠습니다.

먼저 자연에 나가 특정 자연물을 하나 정해 그곳에 의식을 집중합니다. 예를 들면 '소리', 물소리에 집중해 볼 수 있습니다. 물가에서 오롯이 물소리에 집중합니다. 오로지 물소리에만 집중하는 것을 통해 자연을 느끼고 받아들여요. 나도 자연이고 자연이 나를 둘러싸고 있으므로, 자연이 들어오는 것이 느껴질 거예요. 자연이 들어오는 만큼 '나'가 비워지는 것도 느껴질 것입니다.

자연에 집중한다는 것은 자연과 5관의 경계에서 일어나는 것들, 다시 말해 눈으로 보는 형상과 색깔, 귀로 듣는 소리, 코로 맡는 냄새, 입으로 느끼는 맛, 몸으로 느끼는 감촉을 알아차리는 것을 의미해요. 해와 달·별·나무·산·물·구름·바다·땅·바위·허공·하늘·동식물을 눈으로 바라보면서, 귀로 들으면서, 감촉으로 느끼면서 집중합니다. 느끼는 것이 수용하는 것입니다. 시간을 정해 놓고 오직 그것에만 집중해 보세요.

　그다음에 눈을 감습니다. 자연물에 집중해 고스란히 수용했던 내 마음의 현상과 몸의 현상을 알아차리는 것입니다. 밖을 향한 관상법은 형상을 보되, 영향받아 반응하는 자기 몸과 마음의 현상을 같이 관찰하는 것이라 할 수 있습니다.

　이런 방식으로 요소를 나누어 집중해 볼 수가 있는데 이에 대해서는 다음 장에서 자세히 살펴보겠습니다. 명상으로 만날 수 있는 자연의 요소는 크게 지·수·화·풍·공·식 여섯 가지로 나눌 수 있습니다.

자연 명상을
해야 하는 이유

우리는 자연의 일부이다 – 자연은 공업

우리는 자연의 일부로 자연 속에서 살아갑니다. 자연은 나를 포함해 내 둘레 환경을 이룹니다. 내가 살면서 나 스스로 쌓은 업이 자업이라면, 나와 내 둘레 환경과의 자타 공존에 의해 만들어지는 공통 업이 공업입니다. 공업을 대표하는 것이 자연이지요. 자연은 자아自我를 둘러싸는 타아他我이며, 내가 만든 자업 종자를 변화시키고 개화시키고 녹이고 없애는 타업 종자이기도 합니다. 나라는 존재의 원인原因을 유지하게 하고 변화하게 하고 없애기도 하는 조건, 즉 연緣이기도 해요. 내가 '인'이라면 자연은 '연'이어서 내가 자연을 만나 인연因緣이 맺어져요.

결국 자연은 나를 이루게 하는 결정적인 원인이면서 나를 변화하고 사라지게 하는 외부 환경과 조건인 셈이지요. '자_自'는 내 안에서 관찰하고 '공_共'은 바깥에서 관찰합니다. 여기서 공은 공통된 것, 함께하는 것, 다 모여서 하는 공입니다. 공업중생共業衆生이라는 말이 있습니다. 개인의 운명은 자기 혼자만의 것으로 결정되는 것이 아니라 집단 공동의 업에 의해서도 영향을 받는다는 말입니다.

우리는 왜 공업을 봐야 할까요? 우리가 국가, 사회, 지역의 분위기로부터 같이 영향 받고 있기 때문입니다. 기후, 지형의 경우에도 마찬가지입니다. 가을이 오면 모두 같이 가을을 맞잖아요. 이 사람은 가을이고 저 사람은 여름이고 그렇지 않습니다. 태풍도 공업이고 지진도 공업입니다. 바깥에서 오는 변화가 공업입니다. 계절도 사회도 국가도 민족도 공업이에요. 우리가 공업으로 함께 경험하는 것이 많습니다. 여자로 태어난 것도 공업이고 지구에 태어난 것도 공업입니다. 인간으로 태어난 것도 공업이고 이런 시대에 사는 것도 공업입니다. 그렇게 '자'와 '공'이 뭉친 것을 업이라고 하는 것입니다. 수행할 때는 나-자업부터 닦습니다.

공업을 통해서 내 마음을 확장시키는 수행이 자연 명상입니다. 바깥의 공업을 보면 내 마음이 더 많이 보입니다. 나와 결합되어 있는 밖의 여러 가지 마음을 보면 나만 보는 것보다 많은 것이 잘 보입니다. 자연이 내 안으로 훅 들어와 '나'를 건드리기 때문이지요. 자연은 그렇게 위력적입니다.

'나 자신에게 의식을 대고 집중'하는 일반적인 명상은 자업을 보는 것입니다. 이것도 중요합니다. 나 자신에게 의식을 대고 집중하는 방식도 우리 마음을 관통하는 엄청난 힘을 갖습니다. 자업은 개인의 의식으로도 관통해서 알 수 있습니다. 공통의 업인 공업은 자연으로 관통하면 더 잘 알 수 있습니다. 자연 자체가 너무나 좋은 사마타 기제이기도 하지만, 자연의 사마타력은 우리 의식이 스스로를 사마타하는 힘과 차원이 다르게 크기 때문입니다.

자연 명상은 공업을 보고 알아차리고 녹이는 데 효과적인 명상입니다. 자연 명상은 스스로 지어 놓은 자업도 보게 하지만, 자연스럽게 스며든 광범위한 환경적 조건을 보게 하는 데 결정적이에요. 자연의 한 가지 요소만 없어도 개인은 살아갈 수 없기 때문입니다. 물이 없다고 생각해 보세요. 물은 개인의 몸과 마음 형성에 절대적인 것인데, 누구나 잊고 살지요. 공기가 없다고 생각해 보세요. 당장 '나'는 죽고 맙니다. 자연 명상은 대大의 큰마음을 수용하여 소小의 내 마음을 넓히고, 공과 지혜라는 본연의 마음을 찾아가는 과정입니다.

자연 그 자체가 최상의 사마타 기제

　자연에 가서 발바닥에 의식을 집중하고 걸어 보세요. 발바닥이 땅에 닿는 순간순간 단단한 땅의 기운이 내 단단함을 울릴 것입니다. 한참을 그렇게 하고 나면 땅의 숨결이 발바닥으로 들어오는 것을 느낄 수 있습니다. 땅 의식이 몸을 파고드는 것 같아요. 이는 땅이 우리 몸과 마음을 사마타하는 것이라고 할 수 있어요.

　일상생활 속에서 우리 의식은 한결같이 한곳에 대고(사마하고) 있기 힘듭니다. 복잡다단한 일들이 닥쳐와 의식이 다른 생각, 다른 곳으로 달아나기 때문이지요. 당장 눈앞의 욕심 때문에 흔들리고 분노 때문에 흔들립니다. 눈에 보이는 것이나 귀에 들리는 것을 따라가기도 합니다.

　그렇지만 땅 위를 걸으면 땅은 한결같아요. 땅은 늘 그대로 있어요. 발을 디딜 때마다 발바닥에 닿아요. 걷기 명상은 땅이라고 하는 든든한 사마타 기제가 내내 함께합니다. 발바닥을 통해 땅의 단단함이 계속 내 몸을 사마타해 결국 내 마음을 두드려요. "두드려라. 그러면 열릴 것이다."와 같은 말처럼 계속 두드리니 내 마음이 자연스럽게 열립니다. 깊은 내면이 건드려지지요. 오래 하다 보면 나중에는 땅을 이룬 공동의 마음, 함께하는 마음까지 열립니다.

　물 명상도 마찬가지입니다. 물은 마실 수도 있고 몸을 담글 수도 있고 볼 수도 있고 만질 수도 있습니다. 들을 수도 있습니다.

물소리로 물의 숨결을 느끼고 물의 마음을 알 수도 있어요. 그렇지만 물은 흐르는 속성이라 쉽게 잡히지는 않습니다. 흘러가 버려요. 대신 물소리를 계속 듣고 있으면 물소리가 내 마음을 계속 두드려 마음을 보게 합니다. 물소리가 내 마음을 계속 건드려 물에 얽힌 감정과 기억이 일어나게 합니다. 우리 몸은 70퍼센트 넘게 물로 이루어져 있습니다. 몸을 구성하는 물을 건드립니다. 마음 위빠사나가 되는 것입니다. 물이야말로 우리의 다양한 마음을 건드리는 최고의 사마타 기제입니다.

자연에는 따뜻한 기운들이 많습니다. 태양 빛도 그중 하나입니다. 태양 빛은 누구에게나 평등하게 쏟아집니다. 모두를 골고루 비춰 줍니다. 몸의 온갖 부분을 비춥니다. 뒤통수도 비추고 가슴도 비추고 눈도 비추고 어깨도 비춥니다. 구석구석 따뜻하게 녹여 줍니다. 마음도 따뜻하게 녹여 줍니다. 자연의 사마타력은 개인 의식의 사마타력과는 비교할 수 없을 만큼 셉니다. 무차별적입니다. 무차별적으로, 전방위적으로 들어오니 피하지만 않으면 저절로 사마타가 됩니다. 자연 사마타의 힘을 믿고 그대로 맡겨 보세요. 마음이 일어나는 것을 그냥 보고 느끼세요. 자연의 힘은 대단합니다.

바람은 몸 전체를 흔들고 풀어 주고 날아가게 합니다. 살랑살랑 흔들기도 해요. 가볍게 띄워 줍니다. 이렇듯 자연은 늘 한결같이 대상을 만나 사마타하고 소통합니다. 우리는 그저 자연에 맡기면 됩니다. 자연이 다 알아서 해 줍니다.

자연에는 수용이 무엇인지 늘 가르쳐 주는 허공과 하늘이 있습니다. 허공과 하늘은 텅 비어 있어 누구든, 무엇이든 들어가도 됩니다. 허공과 하늘은 들어가는 모든 것을 그냥 품어 줍니다. 온갖 물질과 건물과 사물과 생명체를 조건 없이 그대로 안아 수용합니다. 늘 우리 마음에 닿아 있으면서도 전혀 부담을 주지 않습니다. 한결같이 없는 듯 있습니다. 없는 듯 있으면서 모든 것을 포용해요. 허공과 하늘의 존재감은 새털같이 가벼워서 마음을 건드리지 않을 것 같지만, 허공과 하늘의 숨결은 우리 마음에 부담 없이 들어옵니다. 조용히 자유롭게 들어옵니다. 꽉 들어차 빽빽한 우리의 마음에 스며들어 비우게 하고 가볍게 하고 일없이 한가하게 하지요. 늘 그렇게 함께할 수 있다는 것을 알게 해요.

이것이 자연 명상입니다. 자연 명상은 특별한 게 없어요. 그저 자연을 보고 느끼고 만지고 듣고 감탄하면 됩니다. 그래도 땅은 어김없이 발바닥을 통해 내 마음에 굳건히 닿고, 물은 늘 화합하면서 촉촉하게 적셔 줘요. 태양 빛은 따뜻하게 마음을 채워 주고, 바람은 마음을 식혀 주고 뭉친 감정들을 몰아내 줍니다. 허공은 그냥 다 품어 줘요. 하다못해 욕심도 성난 감정도 그냥 그대로 인정해 줍니다.

모두가 있는 그대로 완전하다

떨어져 있을 때 자연은 가깝게도 멀게도 느껴집니다. 자연에 있을 때는 있음 그 자체로 완전하게 느끼게 합니다. 자연은 크든 작든 그 자체가 전체이고 완전해요. 나와 너라는 인연법, 작고 커야 하는 인연법, 가깝고 멀어야 하는 인연법, 분별이 끼어들 틈도 없이 있는 그 자체로 완성입니다. 있음 그 자체로의 완성은 대자연과의 공유와 결합으로 확장 완성됩니다. 개체 하나하나에게까지 확장 완성됩니다. 작은 나 속에 큰 우주가 다 들어오는 완전한 결합이에요. 큰 우주 속에 작은 내가 들어가는 완전한 결합이에요. 자연 명상은 그것을 몸으로 알려 줍니다.

땅이라는 큰 지성地性과 나라는 작은 지성이 땅 표면과 내 발바닥의 경계에서 만나 하나가 되면 우리는 크고 작음의 분별에서 놓여질 수 있어요. 물소리·파도 소리·빗소리에 집중해 끝없이 수용하고, 새소리·풀벌레 소리·바람 소리·떠드는 소리에 집중해 끝없이 수용하면 어느 순간 내 안의 소리는 그대로 녹아내려 '무아'를 체험하게 됩니다. 물소리, 파도 소리, 새소리, 풀벌레 소리가 모두 그 자체로 완전하기 때문입니다. 너도 그렇고 나도 그렇게 됩니다.

찬란한 햇빛이나 따뜻한 불빛을 무작정 받아들이다 보면 어느 순간 내 안의 차가움과 외면이 서서히 스러져 갑니다. 자연의 화성火性과 내 화성이 하나 되는 '불이不二'를 체험할 수 있어요. 내 마음을 열어 바람 앞에 서서 바람을 받아들이다 보면, 바람을 이기려고 버티는 마음, 내 강함이 내려가면서 자유로운 바람과 하나가 되기도 해요. 하늘을 보고 느끼고 수용하다 보면 내 안의 허공에 닿아 무한대로 열리는 공성空性이 알아차려집니다. 자연의 대공大空이 내 안의 소공小空과 함께할 때, 내 좁은 생각과 판단(식)은 더 이상 있을 수가 없게 되지요.

꽃의 속삭임, 매미 소리, 나무 그늘의 마음, 들길의 생각, 시냇물의 뜻, 별들의 바람, 허공의 넉넉함, 계곡 물소리의 마음(식)을 느끼면 내 편견과 아집이 사라질 수밖에 없어요. 그냥 허물어져 흩어지고 말지요. 내 일부가 밖으로 나가 또 다른 나를 만든 것이 대大의 자연이기 때문입니다. 소아小我를 넘어선 대아大我의 마음을 보게 됩니다. 나를 저절로 내려놓게 됩니다. 이것이 자연 명상이 이루는 방식입니다.

자연에는 여러 가지 마음이 다 섞여 있습니다. 내가 모르는 마음도 많고 너무 커서 인식할 수 없는 마음도 있습니다. 그 엄청난 마음하고 결합하니 내 마음이 커질 수밖에 없어요. 인식체계를 넓혀 줍니다. 누구나 좋아집니다. 그냥 가도 좋아지는데 지수화풍공식을 열어서 가면 얼마나 더 잘 합일되고 넓어지겠습니까. 지수화풍공식을 직접 대면하면서 관찰하는 것과 좌선하며 관찰하는 것은 차원이 다를 수밖에 없어요. 그럴 수밖에 없지 않겠습니까.

현대 문명과 현대인의 삶에 대한 재고

오랜 인간의 역사에서 자연은 늘 경외의 대상이었습니다. 자연은 광대하고 크기 때문에 예측불가능하고, 변화무쌍하기 때문에 인간은 늘 자연 앞에 겸손했습니다. 자연에 의지하며 살았습니다. 자연과 더불어 살았습니다. 우리의 선조들은 이미 자연이 우리의 마음 일부임을 알았던 거지요.

현대 사회는 물질 중심의 세상입니다. 현대인은 수많은 물질에 둘러싸여 물질 우위의 사고와 물질 중심의 경쟁 사회에 살아가고 있습니다. 물질이 중심에 있다 보니 물질적 가치 기준이 사회적 가치를 이루고 있는 것이지요. 그러니 우리의 5관－감각 기관도 물질 중심으로 노출되기 쉬워요. 자연은 늘 우리 곁에서 우리 모두에게 자신의 모든 성품을 베풀고 있지만, 물질에 묶인 우리는 자연의 혜택을 잃어 가고 있습니다. 자연은 그저 외부일 뿐이고 나와 상관없는 세계로 여깁니다.

마음의 원리로 보면 자연의 어느 한 가지도 소중하지 않은 것이 없습니다. 어느 하나라도 없어지면 개인이 아무리 많은 돈과 물질을 구축했다 하더라도 아무 소용이 없게 됩니다. 땅이 무너지면 인간은 한순간도 살 수 없어요. 물이 더러워지면 다른 생명체도 살지 못합니다. 햇빛이 사라지면 지구 안의 모든 생명은 그 순간 바로 죽어 갈 것입니다. 공기가 사라져도 마찬가지입니다. 이렇듯 자연은 우리의 생명이고 젖줄인데, 현대 사회는 물질에 가려 물질적 사고에 덮여 그 자명한 진리를 알지 못하고 있어요. 나아가 자연을 더 많은 재화를 쌓는 데 이용하고 인간 중심의 편리를 위해 이용하고 소모해도 되는 것쯤으로 생각하지요.

지금 우리에게 닥친 코로나19 팬데믹의 시기는 자연의 소중함을 현대인이 자각할 절대적인 기회입니다. 개아個我로 치닫고 물질적 가치로 쌓은 장벽을 허물고 자연의 이치로 넘어가야 할 전환의 때이지요. 물질적 사고와 가치는 더 많은 물질을 쌓을 뿐 인간 인식의 확대와 자유로운 마음의 확장을 담보하지 않습니다. 자연이 인간의 마음에 들어와 함께해야 근본 마음은 회복되고, 자연도 인간 이외의 생명도 같이 살 수 있습니다. 인간만 살아야 한다는 마음을 내려놓게 합니다. 모든 생명은 공존해야 생명의 빛을 담보할 수 있습니다.

자연 명상은 물질 중심의 왜곡된 사고에 가려 둘이 되었던 나와 자연이 하나 되게 하는 과정입니다. 물질로 태어나 유한한 생명을 갖고 생로병사를 겪으며 살아가야 하는 생명들은 물질에 갇히면 두려움과 불안이 커질 수밖에 없습니다. 미래를 알 수 없는 불안한 현대인은 불안으로 더 강하게 물질을 잡는 악순환에 갇혀 있어요. 자연은 본연의 안정을 되찾아 줄 자양이에요. 자연 속에서 자연의 일부로 회복될 때 인간은 자유롭고 평화로운 본래면

목을 찾게 됩니다.

　현대인과 현대 문명에 대한 대안을 자연에서 찾을 수 있습니다. 그것을 알아 가는 것이 자연 명상입니다. 자연과 결합할 때 우리 마음이 겸손해질 수 있어요. 인간이 자연과 지구와 상생할 수 있습니다. 이것이 자연 명상의 핵심이에요.

2장

일상에서 하는 다양한
자연 명상

자연 명상을 하는 방법은 자연 속에 나가는 것부터 시작됩니다. 자연에는 지수화풍공의 다양한 성품이 있습니다. 그 각각의 성품에 집중하면 내 마음이 더 많이 열립니다. (…) 눈으로 보고, 몸으로 느끼고, 귀로 들으며 하나가 되어 봅니다.

자연 명상할 때
가져야 할 마음 자세

자연에 나갈 때는 겸손해야 합니다

현대인은 대부분 자연과 격리되어 살아갑니다. 문명이라는 이름으로 인위적인 구조물을 만들고 시스템을 구축하여 그 안에서 사는 데 익숙하지요. 자연마저 인위적으로 조절하여 있는 그대로의 자연을 만나려면 좀 특별한 노력을 해야 합니다. 산을 찾아가거나 강을 찾아가거나 바다를 찾아가야 해요. 그래도 주변에 조절된 자연에서 시작해 볼 수는 있습니다. 조건과 형편에 따라 대자연을 만나는 노력도 병행하면서요.

주변으로 나가는 가벼운 자연 명상 길이라면 편안한 옷차림과 신발, 갑작스러운 기온의 변화에 따른 대비와 음료 준비, 야외용 개인 방석 정도만 있어도 충분합니다. 그렇지만 큰 자연에 나갈 때는 좀 색다른 마음을 갖고 나가는 것이 좋습니다. 겸손한 마음입니다. 내가 겸손해져야 자연의 광대함이 나와 합일할 수 있습니다. 들뜬 마음, 내 맘대로 하고 싶은 마음이 줄어 겸손해지면 어떠한 자연에 가도 문제가 없습니다.

자연은 나의 반쪽이기 때문에 웬만하면 수용하고 합일할 수 있습니다. 자연에 가면 내가 더 잘 열립니다. 더 잘 소통합니다. 산만큼, 강만큼, 하늘만큼 내가 넓어집니다. 자연만큼 내가 넓어지는 것입니다. 그렇지만 나 잘난 맛에 살고 나 잘난 맛에 자연에 나간다면, 자연을 수용하기 어려워요. 중요한 것은 자연의 온갖 대상을 수용하고 받아들이는 태도입니다. 그런 의미에서 유희를 위한 등산이나 목적이 있는 낚시, 뱃놀이는 자연 명상과 구별됩니다.

자연을 만날 때는 시간과 공간을 상정하기보다 확 열어 보세요. 우리는 늘 시간과 공간을 한계 짓고 그 안에서 사고하고 활동하는 것이 버릇이 되었어요. 그렇게 살아야 되는 것처럼요. 자연 명상을 하러 나갈 때 저는 이러한 제한을 놓아 보라 제안합니다. 한번 해 보는 거지요. 맨날 돌던 공원에서 더 나아가 보고, 1시간씩 정해 놓고 하던 산책이라면 마음이 가는 대로 늘려 보기도 하고요. 멋대로 하라는 이야기는 아닙니다. 자연은 광대하고 여러 요소가 공존하고 있기 때문에 위험하기도 하거든요.

자연 명상을 할 때는 자기 마음을 잘 보는 자세가 중요합니다. 마음이 산란하거나 들떠 있는 것에 주의해야 합니다. 자연이 우리 마음과 결합하는 것은 한결같지만, 외부의 여러 조건과 자연이 결합할 때는 갑자기 변화하고 예측불허의 상태가 되기도 합니다. 그래서 마음이 들떠 있으면 사고가 나기 쉽습니다. 가파른 바위나 돌을 밟을 때도, 계곡물을 건널 때도, 숲속을 걸을 때도, 바람과 태양을 접할 때도, 옆에서 파도가 칠 때도 우리 예측과 다를 수 있습니다. 한마디로 자연은 변화무쌍합니다. 그래서 내 의식이 들떠 있으면 위험한 상황에 빠질 수 있습니다. 늘 자기 마음을 잘 보고 자연 앞에 겸손한 마음을 가져야 합니다.

　자연 명상을 할 때는 자신을 바라볼 수 있는 의식 집중이 연습되어 있는 게 좋습니다. 내 안으로 훈련된 집중이 자연으로 나가면 자연 수용으로 바뀌게 됩니다. 그러면 자연이 내 안으로 더 활짝 들어와 더 크게 '나'를 건드리고 알게 합니다. 그 작용이 때로는 당황스럽고 받아들이고 싶지 않기도 합니다.

　그럴 때는 자연이 나를 만들고 나의 마음을 키우는 자양임을 반복해 인식해야 합니다. 시간과 여유가 필요해요. 자연이 아무리 위대하고 자연의 힘이 우리의 마음을 먹이고 넓힌다 해도, 스스로 인정하지 않으면 자연 따로 나 따로이기 쉽습니다. 자연에 나가서 명상할 때는 스스로 겸손하고 대상을 인정해야 하며, 스스로를 대상에게 맡기는 마음가짐이 좋습니다.

자연에 나갈 때는 주의해야 합니다

대자연에 나가면 일기예보도 잘 안 맞아요. 높은 산이나 바닷가에 가면 기후가 급변하는 것이 흔한 일입니다. 자연은 예상할 수 있는 모습만 보여 주지 않습니다. 그래서 자연에 나갈 때는 미리 속단하지 말고 자만하지 않아야 합니다. 잘못하면 위험할 수 있습니다. 자연은 마음대로 되지 않아요. 내 마음대로 하려고 하면 사고로 이어질 수밖에 없습니다. 대자연 앞에서 우리는 겸손하게 수용하는 자세를 배우는 것이 필요해요.

수용할 때도 주의할 점이 있습니다. 몇 가지 주의하는 게 좋습니다. 자연에도 자연 각자의 마음이 있어요. 바위에는 바위의 마음이 있고, 오래된 나무에는 오래된 나무의 마음이 있으며, 산에는 산의 마음이, 강과 바다에는 강과 바다의 마음이 있습니다. 우리처럼 겉으로 드러난 마음이 있고 안에 잠재된 마음이 있습니다. 자연 명상을 하다 보면 내가 경험하지 못한 수많은 마음을 만납니다. 수많은 마음과 내가 결합하는 것이어서 대자연에 압도될 수도 있습니다. 그때 그 기운에 눌리면 문제가 생깁니다.

자연에도 마음이 있음을 알고 우리의 마음과 맞닿을 때 마음에서 일어나는 현상을 잘 관찰해야 합니다. 그때는 일어나는 나의 마음이 모두 헛것임을 알아야 합니다. 내게 일어나는 많은 생각과 감정도 헛것이지만, 자연과 결합할 때 일어나는 마음도 헛것임을 알아야 합니다. 자연은 우리에게 많은 다른 마음이 있음을 알게 해 줍니다. 두려움과 불안이 밀려올 수 있습니다. 그 모든 마음이 알아차려 내려놓아야 할 것임을 분명하게 인식해야 합니다.

그래서 자연 명상을 할 때는 자연의 이치를 아는 스승과 함께하는 것이 좋습니다. 혼자 하는 자연 명상은 초보자에게 위험할 수도 있습니다. 자연의 마음이 훨씬 크고 광대하기 때문이에요. 내 업장 에너지가 많을 때 자연과 부딪치면 사고가 날 확률이 높습니다. 내 불편한 에너지가 세게 튀어나오면 자연의 속성을 볼 수가 없어요. 자연과 합일이 되지 않습니다.

그러니 나를 내려놓을 수도 없습니다. 거대하고 다양한 자연을 있는 그대로 인식하고 받아들이지 못하면 불편하고 힘만 들어요. 내 멋대로 해야 하는데 자연은 내 멋대로 할 수가 없습니다. 자기를 내려놔야 자연하고 합일할 수 있어요. 제멋대로 하면 조난당하기 십상이지요. 힘이 뻗치니까 위험한 데로 가고 길이 아닌 데로 갑니다. 마음이 뻗칠 때는 바로 알아차리고 일단 가라앉혀야 합니다.

자연 명상은 혼자보다 여럿이 하는 것이 좋습니다. 산은 무수한 세월 수많은 것을 품고 있어 신적인 기운이라든가 마음이 붙어 있을 수 있습니다. 산에 신령스러운 기운이 있을 수 있습니다. 잡기가 있을 수도 있어요. 나무에도 마음이 많잖아요. 나무에 붙어 사는 정령도 있을 수 있어요. 허공에도 없지 않아요. 바위에 오래 앉아 있으면 바위의 딱딱한 마음이 지나치게 들어올 수 있어요.

그래서 자연에는 여럿이 가는 게 좋습니다. 자연을 이용한 수행도 여럿이 하는 게 좋습니다. 자연은 개인의 마음보다 크기 때문에 많은 사람이 명상을 함께하는 것이 효과가 크고 잘됩니다. 여럿이 하면 더 잘됩니다. 서로 봐주고 도와줄 수 있습니다. 자연 명상은 광대한 자연을 수용하는 것이기 때문에 자연 속에서 개인적 오락이나 일탈은 금지하는 것이 좋습니다. 그래야 자연의 세계로 잘 진입할 수 있습니다. 음주 등은 하지 않는 것이 바람직합니다. 그래야 안전합니다.

기본적인 방법

앞에서도 이야기했지만 자연 명상은 그냥 자연을 수용하는 것입니다. 그래서 자연 명상을 하는 방법은 자연 속에 나가는 것부터 시작됩니다. 자연에는 지수화풍공의 다양한 성품이 있습니다. 그 각각의 성품에 집중하면 내 마음이 더 많이 열립니다.

우선 땅의 성품에 집중해 볼 수 있습니다. 지의 성품은 흔히 땅에서 찾을 수 있습니다. 지구상에는 단단한 땅, 푹신한 땅, 굴곡진 땅, 축축한 땅, 사막 등 다양한 땅이 있습니다. 이를 눈으로 보고, 몸으로 느끼고, 귀로 들으며 하나가 되어 봅니다.

물의 성품에 집중해 볼 수도 있습니다. 자연에는 다양한 물의 성품-수성들도 가득합니다. 빗물, 계곡물, 강물, 바닷물이 계절을 만나고 빛을 만나고 바람을 만나며 변하고 불어났다 흩어지기도 합니다. 우리는 그때그때 변화하며 흐르고, 소리 내고, 흩어지는 물의 다양한 모습을 수용하는 겁니다. 마시고 씻으며 느낄 수도 있습니다.

불의 성품에 집중해 볼 수도 있습니다. 따뜻함과 강렬함과 힘을 가진 것이 태양입니다. 태양을 보고 느끼고 몸과 마음으로 수용합니다. 불을 보면서 그렇게 합니다.

바람의 성품에 집중해 볼 수도 있습니다. 계절과 시간마다 다르게 부는 바람을 느끼며 바람과 함께 합니다.

허공의 성품에 집중해 볼 수도 있습니다. 늘 우리 곁에 있는 허공-하늘에 나를 맡기고 비어 있는 즐거움을 만끽합니다. 이렇듯 자연 명상은 그날그날의 자연과 지금 이 순간 내 옆의 자연을 그대로 무작위적으로 받아들이는 것입니다. 그것도 이미 자연 명상입니다.

그러나 더 효과적이면서도 집중적으로 만나는 방법도 있습니다. 자연 명상하는 법을 알아서 가면 더 좋아요. 자연과 쉽게 합일하게 되니까요. 자연 명상 방법을 알면 자연 속에 나가 자연의 마음을 더 잘 알게 되고, 더 잘 수용하게 됩니다. 하늘이 맑으면 맑음 그 자체를 인정하고 보게 됩니다. 평소 우리는 갑자기 비가 오면 당황하거나 짜증을 냅니다. 갑작스러운 상황을 인정하고 수용하는 게 쉽지는 않아요. 그러나 자연 명상을 하고 자연의 마음을 알게 되면 하늘이 뿌옇다면 뿌연 대로, 바람 불면 부는 대로, 눈이 내리면 내리는 대로, 길이 미끄러우면 미끄러운 대로 그 자체를 인정하고 받아들일 수 있는 여유가 생깁니다.

자연 명상의 기본적인 방법은 단순합니다. 예를 들어 설명하겠습니다. 땅은 딱딱한 지성에 해당하는데, 자연에서 지성을 수용하는 것은 의식을 발바닥에 두고 발바닥에 닿은 땅의 성품을 인식하는 것입니다. 걸으면서 또는 서서 땅에 몸이 닿는 부분에 의식을 집중합니다. 그렇게 땅에 닿는 내 마음을 알아차리는 것이지요. 수성도 마찬가지입니다. 물에 손이 닿을 때, 물을 눈으로 볼 때, 귀에 물소리가 들릴 때 물에 접촉하는 마음을 알아차리려 노력합니다. 따뜻한 불기운이 몸에 닿을 때 내 의식이 그곳에 있게 하는 것이 화성 관찰입니다. 바람이 나를 스칠 때, 바람 소리가 내 귀에 들릴 때 나의 몸과 마음의 반응을 지켜보는 것이 풍성 관찰입니다.

공성 관찰은 초보자에게 좀 어려운 명상일 수 있습니다. 공성 관찰은 주변의 허공을 인식하고 느끼고 알아차리는 건데, 허공은 나와 함께 늘 있는 것이기 때문에 알아차리고 있는 건지 아닌지 알기 어렵습니다. 허공 속에 있는 것을 인식하는 순간이 명상의 순간입니다. 알아차림 그 자체가 다입니다. 인식하고 알면 그 자체가 공성이기도 하기 때문입니다.

나중에는 인식하고 있는 모든 순간이 깨어 있음, 자연 명상이겠지요.

우리가 제안하는 자연 명상은

우리가 제안하는 자연 명상은 불교의 자연 수행법인 6계관六界觀과 계차별관界差別觀 이론에 기초한 요소 관찰법입니다. 계차별관과 6계관 관찰로 내 안과 밖의 자연을 알아차리게 합니다. 불교 전통에서는 개인의 몸과 마음을 먼저 관찰하는 것으로 시작합니다. 몸을 관찰하다 보면 몸의 지수화풍공식을 보지 않을 수 없었습니다. 내 안의 지수화풍공식을 보고 외부에 놓인 지수화풍공식 요소를 관찰하는 계차별관과 그 확장인 6계관찰로 이어 갑니다. 이는 현대를 살아가는 우리에게도 중요한 의미로 다가옵니다. 자연과 분리된 채 살아가는 현대인은 분리 고립의 정도가 심해져 모든 분아에서 소통의 어려움을 겪고 있기 때문입니다.

소통의 어려움을 해소하는 효과적인 방법으로 계차별관과 6계 관찰에 기반한 자연 명상을 제안합니다. 내 마음의 무엇이 지성이며, 수성이며, 화성이며, 풍성이며, 공성이고, 식성인지를 설명하겠습니다. 내 안에서 그 요소들의 작용을 알아차리고 비우는 것이 자연 명상입니다. 그것을 익히는 과정에서 세상과의 소통을 막고 인간을 개아 속에 가두는 요소들을 풀어냅니다. 불교의 자연 명상법인 계차별관과 6계관찰 이론에 대해선 다음 장에서 설명하겠습니다. 여기에서는 일상에서 자연을 풍성하게 만나기 위해 응용할 수 있는 방법에 집중하겠습니다.

구체적인 지수화풍공식
관찰법

지성 관찰

지성과 지성의 마음

지성地性은 땅이나 바위와 같이 딱딱하고, 강인하고, 집착이 강하고, 갇혀 있고, 변하지 않으며, 틀이 분명한 성품과 성질을 의미합니다. 흙, 산, 나무, 쇠, 보석 등의 자연의 성품에서 흔히 볼 수 있어요. 땅은 굳어 있고 딱딱합니다. 그래서 생명체의 뿌리를 지탱해 줍니다. 인간의 정신력도 키워 주고 인간의 몸도 강인하게 합니다. 우리 몸에서는 뼈, 손발톱, 머리카락이 지성입니다. 몸은 단단한 마음이 만든 물질이라 그 안에 담긴 정신에도 단단한 게 많습니다. 자아의식, 집착, 고집, 탐욕, 화, 어리석음, 아만我慢, 의심, 긴장, 허위의식, 편견이 지성의 성품입니다. 분별 외면 반복의 마음이 지성이고 그것이 다시 몸의 지성을 만듭니다.

우리는 살면서 고개를 들고 내가 어떤 식으로 사는지를 가끔 보는 게 필요합니다. 세상의 메커니즘에 끌려다니며 좋다는 걸 모두 끌어다 성을 쌓고 그 안에 매여 사는 것은 아닌지, 그래서 괴로운 것은 아닌지, 그래서 외로운 것은 아닌지 한번씩 돌아볼 필요가 있습니다.

거친 지성으로 마음 안에 틀이 고정된 사고 구조를 만들어 놓고 살면 그 틀에서 벗어나는 대상이 수용되지를 않습니다. 위빠사나(관찰觀察)로 내 지성을 관찰하면 나의 상황이 다 보여요. 나 혼자 성을 쌓아 놓고 그것을 지키느라 용을 쓰고 있기도 합니다. 쩔쩔매고 있어요. 외부 세상은 변화하는데 나 혼자 이것만 옳다고 정해 놓고 남에게 강요하며 괴로워하고 있습니다. 나를 객관적으로 봐야 벗어날 수 있어요. 보고 알아야 해결할 수 있어요.

저기 여자들이 담배를 핍니다. '쟤네들이 이상한 짓 하는데… 막아야 하는 것 아닐까' 싶어 나 혼자 괴로워합니다. 그런데 그게 정말 이상한 짓일까요? 내가 이상하게 생각하는 것은 아닐까요? 내가 옳다는 방향으로 어떻게든 개입해 끌어오고 싶어요. 저기 두 사람이 막 싸워요. 나는 '싸우면 벌을 받아야 해'라고 생각합니다.

그런데 그들은 싸우면서도 잘 살아가요. 'A와 B가 싸우는데 A가 잘못하고 B가 잘했어'라고 판단하고 내 틀로 참견해서 해결하려고 하죠. 내 틀로 내 감정을 일으키고 있어요. 내 안에 지성이 강해지면 나타나는 현상입니다. 그런 내가 보여야 지성이 균형을 갖고 몸도 마음도 건강하게 살 수 있습니다.

지성의 마음은 어떻게 만들어지나

지성의 마음은 외부를 너무 받아들이지 않아서 생깁니다. 우리는 외부와 둘이 아니고 외부와 소통하며 살 수밖에 없는 존재예요. 외부를 받아들이고 외부를 보고 외부를 인정해야 되는데, '나(ego)'가 너무 강하니 외부가 들어올 수 없어요. '나'를 쌓고 쌓아 갑옷처럼 단단해졌습니다. 그게 지성화된 거예요. 몸과 마음이 단단해지면 병이 생깁니다. 자꾸 아파요. 마음은 고립되어 외롭기만 합니다.

이제라도 외부를 받아들이고 세상과 더불어 살아가려면 어떻게 해야 해요? 끊임없이 나를 내세우고 나의 이익만 챙기던 어리석음을 보고, 나의 과거를 보고, 그 단단함과 고집을 관(위빠사나)해 줄일 수밖에 없어요. 그게 명상입니다. 나만 옳은데 어떻게 외부가 들어오겠어요. 점점 더 외로워져요. 불행한 사람이지요. 무지한 사람이지요. 다른 사람의 행동이 도무지 인정이 안 돼요. 사람이 다쳤는데 가서 돕지는 않고 평가만 해요. '저러니 사고가 나지' 하면서요. 달려가 도와야 하는데 말이에요.

자기가 옳고 똑똑하다는 확신을 갖고 엄청난 힘으로 주변을 볶으며 계속 밀어붙이는 사람도 있어요. 지성이 세면 그래요. '빨리'도 지성이에요. 성공할 때까지 그렇게 몰아붙이다 안 되면 그 딱딱한 마음이 더 딱딱해져 남 탓을 하고 외면을 합니다. '일을 못하니 퇴직시키자'고 남을 무시해요.

외면의 마음은 지성의 마음이라 다른 것과 잘 섞이지 않아요. 대상을 못 보게 해요. 사람이 어떤 모양이어야 한다고 고정하는 사람은 언제나 그 모양만 고집해요. 색깔도 그런 색이어야 해요. 흔들리는 것, 움직이는 것도 싫어하는 사람이 있어요. 변화를 싫어해요. 늙는 것도 인정하지 못해요.

지성의 마음이 많으면 현실 속에서 강한 경계를 만납니다. 강한 인연을 만나요. 고집이 더 강해지다 깨지며 상처받기도 합니다. 그래서 지성은 줄이려 노력하는 게 좋아요. 몸속 지성의 비율이 줄어들면 정신적인 지성도 줄어요. 그러면 일상에서 내 고집이나 편견, 선입관에 휘둘리는 게 줄어들어 삶이 좀 순탄해지지요.

강한 지성은 자기뿐 아니라 남도 통제하려 들어요. 남도 자유롭게 살지 못하게 해요. 그러니 상대방이 얼마나 싫겠어요. 우리 인식의 단단함이 그런 상태를 만든다는 거죠. 마음 안에는 무한하고 알 수 없는 세계가 많은데 지성이 강하면 나를 좁게 통제하고 내가 통제당하는 상황을 만들어요. 그게 안과 밖이 맞잡고 있는 거예요. 그것을 관계로 보면 연기법이고요.

땅에 계속 닿으며 알아차리면 내 안에 있는 땅의 마음을 보게 하고, 결국 드러내 사라지게 합니다. 지성을 이용한 명상법은 내 안의 굳은 생각과 고정 관념과 고집을 관찰해서 내려놓게 합니다.

우리 의식에는 신비한 작용이 있어요. 의식의 특별한 기능 중 하나가 나를 들여다보게 한다는 거예요. 이 의식의 특별한 기능이 살아나 나를 들여다보게 하면 마음 안에 쌓인 것들이 보여요. 나를 객관화해 주는 거예요. 객관화할 수 있는 능력이 있어요. 계속 의식을 내 마음에 대고 관찰하다 보면 왜 욕을 먹는지를 알게 됩니다. 욕을 한 상대방을 미워하는 게 아니라 내게 원인이 있다는 것을 비로소 인식하게 되는 거죠. 번번이 저런 사람만 만나 이런 상황을 겪는 이유가 인정이 돼요. 내가 객관화되니까 세상도 객관화됩니다. 그러면 미워하던 사람도 이해하게 되고, 마음으로 소통하게 됩니다.

산책하며 복잡한 생각을 정리한다는 사람들이 꽤 있습니다. 걷다 보면 어수선한 생각들은 떨어져 나가 생각이 오롯해지고 분명해지는 것을 느낄 거예요. 요새 내 마음이 흔들흔들합니다. 내 마음을 종잡을 수가 없어요. 그럴 때는 바위에 앉아 보세요. 도움이 됩니다. 단단한 게 들어와 나를 잡아 줍니다. 마음이 산란하고 복잡하면 바위에 앉아 보세요. 바위 위에는 흔히 허공이 있어요. 마음을 열면 허공의 도움도 받을 수 있지요. 마음이 열리면서 더 넓은 세계로 나아갈 수 있는 유연함이 생겨요.

지성 관찰을 열심히 하면

외부를 보든 내부를 보든 단단한 물질 성품을 알아차리며 걷거나 앉아 있는 것이 지성 관찰 명상입니다. 단단한 물질 성품을 보고, 느끼고, 관상하고, 접촉하면서 자신의 몸과 마음을 관찰할 수 있어요. 걸으면서 발바닥에 의식을 두고 땅의 여러 가지 특성에 집중해 보세요. 발바닥으로 땅의 단단한 기운을 느끼고 눈으로 땅의 색깔과 모습을 관상하는 거지요. 지성에 집중하면 소화가 잘돼 빨리 배가 고프기도 하고 위장이 꾸르륵거리기도 하고 방귀가 나오기도 해요. 오행 중 중앙 토±의 기운인 땅의 기운은, 몸의 장기 중 비장·위장과 관련되어 있어요. 그래서 비장과 위장의 반응을 먼저 느낄 가능성이 커요.

땅의 단단함에 자극을 받으면 몸속의 단단함을 알아차리게 됩니다. 외부의 지성이 몸 안으로 들어오게 되면 몸 안의 단단함을 자극해 뭉침이 풀리면서 더 아프게도 해요. 아픈 것을 싫어하지 않는다면 통증도 풀리는 과정임을 알 수 있습니다.

지성 관찰을 하면 몸의 단단하고 강인하고 막혀 있는 부분을 찾아 줘요. 반복이 지성을 만드는 것임을 알게 되죠. 똑같은 것을 습관적으로 반복하면 지성이 돼요. 그래서 같은 말을 자꾸 하거나 같은 감정이 올라오거나 같은 행위를 반복하는 자기 패턴을 잘 봐야 해요. 의식에는 나를 객관화하는 기능이 있습니다. 보통은 자기가 그러는 것을 몰라요. 명상을 하면 자기가 보이고 자기가 점점 객관화돼요. 그것이 알아차림입니다. 객관화되지 않으면 항상 자기가 옳다고 생각합니다. 객관화되면 자기가 잘못하고 있는 상황도 보여요.

우리가 가지고 있는 지성이 엄청나게 많습니다. 그래서 몸과 마음에서 지성을 관찰해 내려놓고, 대상과 합일하고 현실에서 실천하는 연습을 해야 합니다. 하루하루 실천이 중요해요. 알면서도 실천하지 않으면 소용이 없습니다. 좁아짐이 관찰되면 좁아지게 한 기억들이 무엇인가, 좁아질 때 몸 상태는 어떤가를 관찰해 알아차리고 내려놓아야 합니다.

사실 내려놓는 것은 좀 어렵습니다. 처음에는 어려울 수 있어요. 그래도 알아차리기는 해야 합니다. 그래야 반복하지 않을 수 있습니다. 알아차리지 못하면 대상을 만나서 좁아진 행동을 계속하고 좁아진 말을 계속합니다. 알아차리면 하지 않을 수 있어요. 좁아짐을 알아차리면 극복할 수 있는 태도를 갖추거나, 습관적으로 계속했던 행동을 줄이는 자기 방편, 실천이 중요합니다.

지수화풍공식 관찰에서는 지성 관찰이 핵심입니다. 지성 관찰이 가장 어렵고 오래 걸려요. 그래서 내용도 가장 많습니다. 대신 지성이 어느 정도 줄어들면 이 세상 살기가 좀 편해집니다. 어려운 일이 닥쳐도 살아 볼 만하다는 생각이 들어요. 미운 짓을 하는 사람도 봐줄 만한 여유가 생기고요. 지성 관찰이 어느 정도 이루어지면 나머지 수화풍공식 관찰은 저절로 이루어지기도 합니다.

지성이 허물어지면

지성이 확 무너지면 공성이 되어 빈 자리가 시원하게 드러납니다. 수성, 화성, 풍성으로 변하기도 합니다. 단단함은 없어지면서 변화를 해요. 그런데도 사람들은 '사람은 죽을 때까지 변하지 않는다'고 하지요? 실제로 지성이 많으면 잘 변하지 않고 그 성격 그대로 유지하는 것처럼 느껴지기도 합니다. 변화를 잘 받아들이지 못해서 그래요. 지성이 변하는 것이 그렇게 어렵거든요.

지성인 마음이 수성으로만 바뀌어도 안 그래요. 잘 변해요. 마음이 수성화되면 잘 변해요. 물은 더러운 것도 잘 받아들이잖아요. 더러운 것도 잘 닦아 주고, 큰 물이 되면 스스로 자정 능력이 생겨 더러운 물도 깨끗한 물로 정화시켜요. 물은 다른 물이 들어와도 섞여 함께 갑니다. 다른 게 들어오면 자기 본질을 잃어버리는 지성과는 달라요. 단단한 것이 깨지면 망가지거나 용도가 달라져 쓸 수 없어요. 반면 수성은 외부와 섞여 그냥 같은 물이 됩니다. 지성은 외부가 들어오면 깨지거나 바뀌거나 사라지거나 다른 형태로 바뀌어요.

일상에서 우리가 지성을 푸는 대표적인 방식이 잠이에요. 잠을 푹 자면 단단하던 게 좀 이완됩니다. 잠을 푹 자는 사람이 건강해요. 잠만 잘 자도 웬만하면 풀어지고 유연해져요. 그렇지만 너무 많이 자면 더 단단해져요. 지성이 강화됩니다. 무거워져요. 그래서 잠으로 푸는 것에는 한계가 있어요. 따라서 지성은 작정하고 바라보는(관) 게 필요해요. 지성 관찰은 작정해도 혼자서는 잘되지 않습니다. 지성이 엄청나게 크고 넓고 세고 강하니까 혼자 잘 안 돼요. 힘들고 지루하고 졸음만 오고 도망가고 싶어요. 그러니 여럿이 모여서 같이 하는 것을 권합니다. 도량에서 스승, 도반들과 서로를 격려하고 강제하면서 성실하게 지성 관찰을 하는 단계가 필요합니다.

그렇게 묵묵히 성실하게 바닷물을 퍼내는 것처럼 지성 관찰을 하다 보면 '이게 과연 될까', '잘되고 있는 걸까'라는 생각이 들며 막막할 때도 있어요. 그럴 때가 있어요. 그래도 열심히 하다 보면 어느 순간 되어 있어요. 스스로도 놀라는 순간이 옵니다. 점검해 보면 생각도 바뀌어 있어요. 원수처럼 밉고 이해가 안 되던 사람이 문득 '그래, 저 사람이 저럴 수 있지' 하고 이해가 돼요. 이 사람 저 사람, 이 꼴 저 꼴 다 볼 만해져요. 나를 옥죄던 경계도 좀 헐렁해져 있어요. 지성이 녹아 수성이 된 겁니다. 여유가 좀 생긴 거지요. 변화가 일어난 거예요. 바싹 마른 게 지성이라면 '촉촉하다', '흐른다', '변한다', '유연하다'와 같은 게 수성이에요. 그 변화가 흩어질 만큼 세지는 건 화성이고요.

우리가 관념이나 틀 같은 지성을 워낙 많이 가지고 있어 몸을 관찰해도 빨리 풀어지는 건 아니에요. 그 대신 몸에는 수성도 있고 화성도 있고 풍성도 있어요. 몸 안에는 공성도 있어요. 지성이 와르르 무너져 구멍 같은 공성이 나타날 때도 있어요. 그걸 알고 있어야 해요. 그 원리가 색즉시공色即是空의 세계예요. 지성인 색에 의식을 집중해서 뚫어 내면 우주의 별도 보이고, 더 뚫어지게 바라보다 보면 텅 빈 공간을 볼 수 있어요. 공을 경험하는 순간이지요. 그걸 보는 게 진짜 공부예요.

지성 관찰 명상 중에 가장 발달된 명상법인 걷기 명상부터 해 봅시다.

대표적인 지성 관찰: 걷기 명상

수행으로 들어가는 문門으로 흔히 행주좌와어묵동정 여덟 가지가 제시됩니다. 특정한 것을 집중 관찰해 들어가는 방법으로 행선

行禪·주선住禪·좌선坐禪·와선臥禪·어선語禪·묵선默禪·동선動禪·정선靜禪
이 있다는 것이지요.

행선의 대표적인 명상 방법이 걷기 명상, 경행이에요. 경행은 좌선과 더불어 초기불교의 전통적 수행 방식 중 하나예요. 좌선은 자세를 고정하고 앉는 방법입니다. 앉아서 몸과 마음의 지성, 즉 단단한 성품을 관찰하는 데 탁월한 방법이며 모든 명상법의 기본입니다.

좌선으로 단단하고 무거운 지성의 마음을 오래 관찰하다 보면 몸의 근육과 장기의 긴장이 먼저 관찰되어 몸이 굳어지기 마련입니다. 좌선으로 올라온 단단한 지성의 마음을 극복하기 위해 마련된 수행법이 걷기 명상이라 할 수 있어요. 좌선이 움직이지 않고 하는 명상 방법이라면 행선의 걷기 명상은 움직이면서 몸, 느낌, 마음, 개념 등을 관찰하는 명상법입니다.

걷기 명상이 잘 훈련되면 평소 자신의 행동과 움직이는 모습도 잘 관찰할 수 있게 됩니다. 좌선이 몸 안의 마음을 관찰하기 유리하다면 걷기 명상은 밖의 지성을 발바닥으로 알아차리는 것이라서 외부 지성과의 결합을 관찰하기 좋아요.

걷기 명상은 사실 누구에게나 필요한 명상법입니다. 걸을 수 있는 모두에게 도움이 돼요. 다음과 같은 분들에게는 특히 도움이 됩니다.

- 힘이 외부로 강하게 향해 좌선이 힘든 사람

- 산만하여 한곳에 집중하기 힘든 사람

- 움직이기 싫어하고 게으른 사람

- 생각이 많아 정신이 산란하여 현실적인 안정이 필요한 사람

- 불안이 심한 사람

- 의심이 많아 남의 말을 잘 듣지 않는 사람

- 몸의 균형이 맞지 않는 사람

- 감정으로 인한 번뇌가 심한 사람

걷기 명상을 하는 법은 다음과 같습니다.

1) 처음에는 편안하게 똑바로 서서 마음을 모읍니다.

2) 마음이 모아지면 발뒤꿈치부터 천천히 들면서 발을 올리고 디디며 다음 발이 나가는 것을 주시합니다.

3) 한 걸음 한 걸음 뗄 때마다 순간순간 발의 느낌과 행위에 집중해 보세요.

4) 발의 느낌과 행위에 어느 정도 의식이 모아지면 발바닥이 땅에 닿을 때의 느낌에 집중합니다.

5) 같은 속도로 계속 걸으면서 발바닥 느낌이 온몸으로 퍼지는 과정도 관찰합니다.

6) 생각이 올라와 집중이 깨지면 발바닥으로 생각을 눌러 없애고 다시 발바닥에 집중합니다.

7) 속도를 유지하면서 발바닥과 몸에서 일어나는 느낌에 의식을 계속 둡니다.

8) 생각은 바로바로 알아차려 없애고 계속 몸의 반응에 집중합니다.

9) 30분 걷고 15분 쉽니다. 조건이 되면 좌선을 하면서 이완되는 몸의 현상을 알아차려 보세요.

10) 이 과정을 세 번 정도 반복합니다.

11) 익숙해지면 걷는 시간을 점차 늘립니다.

아프지 않은 사람은 누구나 걸을 수 있습니다. 그래서 시작은 간단합니다. 타박타박 걷는 단순한 동작을 반복하다 보면 복잡하고 혼란스러운 머리가 명료해져요. 몸이 개운하고 맑아지는 경험을 한 사람은 많을 것입니다. 걷기 명상은 일상의 걷기에 의식의 집중을 장착하는 행법입니다. 살펴보았듯이 방법은 무조건 발바닥에 의식을 집중하며 걷는 것입니다. 한 걸음 한 걸음 발을 뗄 때마다 발바닥의 느낌과 느낌 변화에 집중하려고 노력합니다.

우리는 늘 걸으며 살기 때문에 생각이 다른 데로 흘러 자칫 집중을 놓치기 쉽습니다. 그러면 바로 발바닥으로 의식을 옮겨 옵니다. 나중에는 타박타박 걷는 동작만 반복해도 의식의 집중이 저절로 되지만 처음에는 의도를 내야 해요. 매우 천천히 걷기부터 시작하다가 보통 걸음으로 걷기, 빠른 걸음으로 걷기, 뛰면서 걷기, 산에 오르면서 걷기 등 다양한 방법으로 걸어 볼 수 있습니다. 방법을 바꾸면서 몸과 마음의 변화와 느낌을 알아차릴 수 있습니다. 방법이 쉬워 일상에서 누구나 효과를 크게 볼 수 있는 게 걷기 명상입니다.

걷기 명상의 효과

걷기 명상을 꾸준히 하면 몸이 좋아집니다.

1) 코 막힘과 비염 치료에 도움을 줍니다. 폐, 장과 피부 기능이 활성화됩니다. 순환이 잘되니 다른 장기의 기능도 당연히 좋아지지요.

2) 몸의 노폐물이 빨리 배출되고 근육이 활성화되면서 의욕이 생깁니다. 자신감도 커져요.

3) 땅의 지기를 계속 받기 때문에 위장이 튼튼해져 소화 기능이 좋아집니다. 체력이 향상되지요.

4) 발바닥으로 몸의 느낌을 관찰할 때 땅의 단단함이 몸속 강한 지성을 일깨워 마음에도 영향을 줍니다. 고집, 외골수, 굳어

진 개념을 풀어 줍니다.

5) 에너지가 강하고 욕심이 많은 사람은 거친 의욕과 욕심이 제
거되기도 하고 순화되기도 합니다.

수행이 깊어지면 발바닥을 통해 각종 지기地氣 에너지를 많이 받기 때문에 먹는 게 줄어듭니다. 음식을 조금 먹어도 활기 있어요. 물론 처음에는 소화가 잘되어 건강하게 더 잘 먹습니다.

수성 관찰

수성과 수성의 마음

수水는 물입니다. 자연 속에는 바다, 파도, 강, 계곡, 비, 샘, 호수, 폭포 등 여러 가지 물이 있습니다. 우리 몸에도 물이 많아요. 우리 몸의 70퍼센트를 물이 차지하니 사실 물이 제일 많다고 할 수 있지요. 물이 있어야 모든 생명체가 생명을 유지하고 존재할 수 있어요. 우리 몸의 물은 피, 침, 땀에 많아요. 지성으로 분류되는 뼈나 머리카락, 손발톱에도 조금은 있습니다.

물은 오행 중 수성水性이고 수 기운이라 몸의 장기에서는 신장과 관련합니다. 정신력, 의지력과 관련되어 있으며 생명력과도 직접

적으로 관련되어 있어요. 물은 축축함, 습기, 부드러움을 머금고 변화와 흐름의 성질을 가지고 있습니다. 몸 안팎에서 흐르고 물렁거리고 변하고 풀어지는 모습으로 드러나요. 수성이 많을수록 감정이 풍부하고 융통성도 많아져요. 지나치면 '물에 물 탄 듯 술에 술 탄 듯'이라는 말처럼 흐리멍덩하고 우유부단하게 느껴지기도 해요. 물은 서로 어울리고 화합하는 속성이 있습니다. 지성과 결합하면 혼탁성으로 연결되기도 하지요.

물은 낮은 데로 흘러 화합하는 속성이 있습니다. 물 상태로 들어가면 뭐든 섞이잖아요. 거친 물과 거친 물이 부딪쳐도 바로 하나로 섞이지요. 물은 어울리고 섞이면서 바다로 흘러갑니다. 바다에서 큰물이 되어 스스로 오염을 정화해요. 바다는 숨을 쉬는 것처럼 출렁이며 온갖 더러운 것을 정화하고 한 맛으로 아우릅니다. 그렇게 화합해 사람을 살리고 생명을 살리고 모든 것을 소통시켜요.

가두면 썩는 것이 물의 속성입니다. 더러운 물도 흘러 흘러 개울로 가고 강으로 가면서 맑아져요. 바다에 가면 자정 능력이 커지고 더 큰 바다로 가면 더 큰 자정 능력이 생겨요. 자연이 그렇습니다. 자연의 원리는 우리가 가지고 있는 지식과 상식으로는 평가할 수 없을 만큼 신기해요. 그래서 더 크게 소통하면 더 큰 자정 능력이 생깁니다. 허공은 바다에 비할 수 없을 만큼 큰 요소여서 바다보다 더 큰 자정 능력으로 이 세상을 정화하고 있어요. 세상이 그렇게 돌아가고 있습니다. 우리 마음도 비워져 크게 소통하고 크게 수용하면 자기 정화뿐 아니라 세상 정화를 저절로 합니다. 그게 보살의 삶이고 성자의 삶이지요.

우리 마음 안에도 그 능력이 있다는 것을 발견하는 것이 위빠사나입니다. 위빠사나를 해서 스스로 객관화하면 갇힌 몸도 보고 마음도 볼 수 있습니다. 내 안의 지성, 화성, 수성도 보고, 업력도 보고, 과거 기억도 보고, 욕심도 보고, 몸을 잡는 마음도 봐요. 저절로 객관화하여 보지요. 그런 것을 볼 수 있는 빈 마음을 손톱만큼이라도 찾아내는 것, 객관화시켜 내는 것, 그것이 위빠사나입니다.

내 안만 보면 알아차림이 완벽해지지 않습니다. 굽이굽이 흘러가는 밖의 물줄기를 관상하면 배울 것이 아주 많아요. 바깥의 물을 보고 물소리를 듣고 물의 형태를 느끼고 물속에 들어가 보기도 하면서 내 안의 물과 결합하는 게 물 명상입니다.

수성 관찰을 열심히 하면

물 명상은 물의 기운을 귀로 듣고 눈으로 보고 몸으로 받아들이면서, 집중해 관찰하고 느끼고 체험하는 것입니다. 자연 속에 존재하는 물을 보고, 느끼고, 접촉하고, 관상하면서 몸과 마음을 관찰하는 것이 물 명상이라고 할 수 있어요. 우리 안에 물기운이 많아서 자연 속의 비바람·냇물·강물·바닷물을 보고 듣고 느끼며 집중하다 보면, 어떤 순간 내가 무너져 물이 되는 체험을 하기도 합니다. 물이 들어와 자연과 내가 물로 연결되기도 해요. 물과 마주하면서 점차 하나가 되는 경험의 연속이 수성 관찰입니다. 자연의 수성을 수용하는 연습을 거듭하다 어느 날 자연의 화합성이 수용되어 분별력이 저절로 내려가는 자신을 발견하는 것이지요.

그러므로 물을 이용한 명상을 하다 보면 어느 순간 몸의 생명력과 마음의 의지력, 유연성이 관찰되기 시작해요. 지성의 강하고 단단한 성품을 푸는 데 탁월한 것이 물 명상입니다. 몸에 딱딱함과 무거움과 긴장이 많이 느껴질 때 목욕을 하고 싶어 하는 사람이 많습니다. 목욕할 때 물 명상을 겸하면 효과가 커집니다. 몸과 마음의 이완에 물이 최고의 효과를 발휘합니다.

자기 감정을 잘 들여다보세요. 내가 뭘 잡고 있는지 보고 그것을 좀 녹이면 공성이 확보됩니다. 용을 쓰다 불현듯 '잡을 필요가 없구나' 싶어져요. 사실 잡아도 나가는 게 많잖아요. 대신 내 것이라고 묶어 고정할 수는 없지만 내 것도 많잖아요. 물이 그래요. 자유나 공기가 그래요. 그렇게 마음을 가지면 돼요. 사람을, 물질을, 감정을, 어제의 기억을 잡는 것이 어리석음이에요. 무지라고 해요. 싸웠던 기억을 잡고 그것에 매여 오늘을 사는 것이 어리석음이죠. 싸웠으면 그걸로 끝내는 게 나아요. 기억을 굴리며 업력을 붙여 '복수해야겠다'는 마음을 먹으면 현재를 못 살아요. 복수에 묶인 인생을 살게 됩니다. 더 좋은 것을 못 봐요. 좁은 인생이지요. 안타까운 인생입니다. 물 명상을 하다 보면 저절로 그런 것을 알게 됩니다.

수성 관찰을 열심히 해서 마음의 공성, 객관성, 순수한 위빠사나, 무아, 생각 없음(무념無念)이 조금만 만들어져도 스스로 자정 능력이 생겨요. 그때는 자잘한 것에 묶여 살고자 해도 잘되지 않아요. 어젯밤에 복수를 다짐하며 잤는데 오늘은 다 잊고 살아요. 미움이란 감정에 소진하기에는 너무 찬란한 새날인 거예요. 자기 존재감도 약해져서 인간관계가 무난해져요. 그물에 걸리지 않는 바람처럼 어디에도 걸리지 않아요. 자기 존재감이 강하면 잘못을 저지르지 않아도 어딜 가나 괴롭히는 사람이 있어요. 자기 방식대로 나를 휘두르려고 들이대는 사람이 있어요. 내 존재감 때문이에요. 내 존재감이 걸리는 사람이 나를 쳐요. 그냥 꺾고 싶은 거예요. 나만 그걸 모를 뿐이죠. 물 명상을 하다 보면 그런 인간관계가 줄어들어요.

자연의 수성을 만나 봅시다

물은 계곡물, 시냇물, 강물, 바닷물 등 자연 속에 많이 있습니다. 물 명상은 물이 있는 곳 어디서나 할 수 있어요. 물에 몸을 담그면서 할 수도 있고, 먹으면서도 할 수도 있고, 물소리를 들으면서도 할 수 있어요. 물을 보면서도 할 수 있습니다. 물가에 가서 논

후 몸과 마음이 상쾌해진 기억은 누구나 있죠. 물 명상을 하다 보면 생각도 유연해져요.

사실 우리 인간들은 오래전부터 그 사실을 알고 활용하고 도움받으며 살아왔습니다. 약수라 하여 좋은 물을 마시려 노력하고, 몸이 안 좋으면 온천을 찾아 목욕도 하고, 바닷가나 호수를 찾아 요양도 했어요. 물은 신선한 에너지를 줄 뿐 아니라 유연한 성품과 늘 변화하는 성품을 지녀 사람을 이완시키기 때문입니다. 바닷가나 호수 근처 혹은 온천으로 휴양을 많이 가는 데에는 다 이유가 있습니다. 우리도 물의 좋은 점을 명상으로 연결하여 물처럼 유연해지면 좋겠습니다. 물처럼 융통성 있게 살며 주변만 정화해도 참 즐겁겠죠.

물 명상은 다음과 같은 성향의 사람들에게 특히 효과가 큽니다.

- 고정된 틀이 많아 원칙적인 사람
- 책임감이 강한 사람
- 피로에 지쳐 있는 사람
- 강박이 심한 사람
- 관념과 규칙에 매인 사람

물 명상을 하는 법은 다음과 같이 간단합니다. 자연의 온갖 물

중에 하나를 정해 하나의 방식으로 집중해 만납니다. 그다음에 물을 만난 몸과 마음의 변화를 알아차리는 것입니다. 처음에는 고요한 호수보다 계곡물이나 바다에서 하는 것이 집중이 잘됩니다. 고요하면 아무래도 졸리기 쉽잖아요.

1) 안정된 곳을 찾아 흐르는 물을 10~30분쯤 집중해서 눈으로 봅니다. 그대로 눈을 감고 몸과 마음의 반응을 알아차려 봅니다.

2) 눈을 감고 물소리에 집중해 10~30분쯤 귀로 듣습니다. 물소리에 집중하며 몸과 마음의 반응을 알아차립니다.

3) 물속에 들어가 몸이 물과 닿은 부분의 느낌에 집중해 몸과 마음의 반응을 알아차립니다. 너무 오래 물속에 들어가 있으면 몸이 차가워지거나 무거워질 수 있으니 유의합니다.

4) 좌선을 하며 자기 몸의 수성에 집중합니다. 몸과 마음의 현상을 알아차립니다.

좋은 물을 마시고 물속에 몸을 담그고 물소리를 듣고 물을 바라보는 것만으로도 건강에 도움이 됩니다. 집중해서 물 명상까지 하면 몸과 마음의 건강에 더 많은 도움을 받습니다. 폐 속의 탁기濁氣 배출과 신장 기능에 특히 도움이 됩니다. 물소리는 두려움을 비롯한 감정을 치유하므로 신장과 심장 기능을 좋게 합니다. 그러나 한두 번으로 건강해지지는 않습니다. 전문가의 지도를 받으며 꾸준하게 하는 것이 필요합니다. 여럿이 함께하면 더 효과적입니다.

물 명상의 대표적인 방법 중에는 목욕 명상이 있습니다. 구체적인 목욕 명상법은 저의 이전 책『마음을 다스리는 12가지 명상』에서 자세히 설명한 바 있습니다.

화성 관찰

화성과 화성의 마음

모든 생명은 물 없이 살 수 없지만, 불 없이도 살 수 없습니다. 특히 인간은 다른 어떤 생명보다도 불과 훨씬 밀접한 관련을 맺고 살아요. 불의 발견은 인간 문명의 시작입니다. 불을 쓰며 인간은 자연으로부터 독립할 수 있었지요. 화성火性은 불과 빛으로 대표됩니다. 자연 속에서 느낄 수 있는 환하고 따뜻한 기운들은 모두 화성이에요.

화성은 따뜻하고, 온화하고, 뜨겁고, 타는 듯하고, 솟구치는 열기, 냉기와 같은 성품입니다. 태양이 대표적이지요. 화성은 상승감처럼 강한 활동성을 머금기도 해요. 내 안의 이런 기운들이 외부의 햇빛, 달빛, 모닥불, 촛불 등을 만날 때 영향을 주고받고 반응하고 결합합니다. 결합할 때 강한 에너지를 띠기도 하고 열정이 솟구치기도 하고 냉기를 내뿜기도 하지요.

그래서 축제나 카니발에는 불이 빠지지 않아요. 화성이 더 강력해지면 실체를 완전히 태워요. 화성이 강렬하면 완전히 없앱니다. 화성은 그런 거예요. 분노도 화성이라 자기뿐 아니라 상대를 없애기도 합니다. 하지만 따뜻하게 안아 주는 힘이기도 해요. 온돌처럼 적당한 화성은 온화하고 자비로운 성품을 만들어 소통을 잘하게 합니다. 차가운 마음도 녹여 줘요. 우리 마음에 그런 기운들이 섞여 있어요.

우리 몸속에는 몸과 결합한 불의 마음이 있습니다. 이 마음은 땅속에 있는 석유 에너지와 기능이 비슷합니다. 평소에는 잠들어 있어요. 외부의 열에너지를 만나면 몸속 열에너지는 반응하고 알수 없는 엄청난 힘의 원천으로 바뀔 수 있어요. 반대로 몸속의 강한 차가움을 건드리기도 하지요. 이것이 태양 명상이고, 모닥불 명상이며, 촛불 명상입니다. 태양 빛은 온 자연과 인간에게 열에너지를 공급해 주기 때문에 몸 안의 여러 열에너지원까지 건드려요. 그래서 태양을 이용한 명상은 햇볕이 몸에 닿는 순간부터 관찰하면 돼요.

화성 관찰을 열심히 하면

몸이 건강해집니다. 의학적으로도 몸이 차가워지면 병이 난다고 합니다. 몸을 따뜻하게 하면 병의 치료를 돕는다고 하지요. 온열 치료라는 것이 있어요. 화성 관찰은 물리적으로는 온열 치료와 원리가 비슷합니다. 화성 관찰을 열심히 하면 정신적으로도 많은 변화를 겪습니다. 단단하게 눌러놨던 화성이 활성화되면 어떤 사람은 분노와 감정이 많아지기도 해요. 화성 관찰을 하기 전보다 쉽게 흥분하고 화를 잘 내기도 합니다.

그래서 화성 관찰에는 알아차림이 중요합니다. 강한 분노는 세상을 태우고 파괴하려고 해요. 화가 나면 어떤 사람은 물건을 던지고 폭탄도 던져요. 분노가 일어나면 말로 대상을 때리는 사람도 많습니다. 분노의 화성을 말에 섞어 던지면 그 말에 누구나 상처받아요. 같은 불의 기운을 지녔지만 분노의 화성은 사람을 상하게 하고, 사랑의 화성은 생명을 살립니다. 화성이 반대로 작용하면 외면하는 마음을 만들어 차가운 냉기가 되기도 하지요. 사랑을 주고받을 때는 따뜻한 화성으로 작용하지만 사랑이 배반과 미움으로 돌아설 때는 차가움으로 변하는 이치와 같습니다.

화성 관찰을 잘해서 마음이 정화되어 순수한 화성이 살아나면 참 좋습니다. 옆에만 있어도 따뜻하고 위로가 되니까 주변에 사람들이 모여듭니다. 따뜻한 마음으로 온기를 나눌 수 있으니 좋거든요. 사랑도, 물질도 나누니 주변이 따뜻해집니다. 몸의 단단한 지성의 마음이 수성과 화성으로 열리는 데까지만 가도 참 좋겠지요.

자연의 화성을 만나 봅시다

자연 속에는 불과 빛이 있습니다. 화성 관찰은 불과 빛이 있으면 어디에서나 할 수 있습니다. 화성 관찰은 불, 태양, 달, 별빛 등을 보고 받아들이고 느끼고 관상하면서 몸과 마음을 관찰해요. 일광욕을 하면서 태양의 따뜻함이 피부로 들어오는 것을 그대로 수용하는 것도 화성을 이용한 명상이에요. 내부의 열기와 외부의 열기가 하나 되어 그 영향이 확장되어 가는 것을 인식하고 알아차리는 것을 자연의 화성 관찰 명상이라고 합니다.

모닥불이나 촛불을 보고 따뜻함, 밝음을 느끼며 위안받을 때가 있어요. 그것도 불 명상의 일종이라고 할 수 있어요. 이런저런 불기운을 눈으로 받아들이고 몸으로, 마음으로 느껴 보세요. 불의 기운은 화성이라 몸의 장기 중에서는 심장과 관련되어 있습니다. 사랑이라는 감정과 관계되지요. 그래서 불을 이용한 명상은 냉정한 마음과 외로운 마음을 치유하는 데 좋습니다. 차가움과 굳어 뻣뻣해진 것을 풀어내는 데 효과가 커요.

태양 명상은 시간대별로 효과가 다릅니다. 뜨는 태양은 희망과 용기의 마음을 줍니다. 중천의 태양은 열정과 힘과 활기를 북돋아 줍니다. 지는 태양은 안정감과 정리하는 마음을 주어 마음을 차분하게 해요. 밤 시간대의 빛은 달입니다. 달 명상은 심리적인 안정과 지속성을 길러 줘요. 별 명상은 희망과 꿈을 키우게 하는 데 탁월하며, 넓은 세계관을 갖게 도와줍니다. 반면에 작은 불인 모닥불과 촛불 명상은 몸의 냉기를 치유하는 데 탁월하고, 정신의 집중력을 높여 줍니다.

화성 관찰은 누구에게나 도움이 되지만 다음과 같은 분들에게 특히 좋습니다.

- 우울증이 심한 사람
- 외로움을 많이 느끼는 사람
- 몸이 냉하거나 암에 시달리는 사람
- 추위에 약한 사람
- 감정 교류를 잘 못하는 사람

이러한 분들이 화성 관찰을 하면 빠른 효과를 볼 수 있습니다. 화성 관찰은 불과 빛의 기운을 느끼면서 몸속 마음의 반응을 관찰하는 것입니다. 일상에서 할 수 있는 쉬운 방법을 설명해 보겠습니다.

1) 직사광선이 한창일 때 태양을 뒤로 하고 앉아 등에 태양 빛

을 받습니다. 눈을 감고 등에 닿는 햇빛을 느끼며 몸의 반응에 집중해 봅니다. 10분이나 20분쯤 합니다. 그늘로 옮겨 10분쯤 쉬며 몸의 반응에 집중해 봅니다. 세 번쯤 반복합니다.

2) 일출이나 일몰 때 눈부시지 않은 태양을 눈으로 보면서 몸속 마음의 반응을 알아차려 봅니다. 일출이나 일몰 태양 빛을 10분이나 20분쯤 본 뒤 눈을 감고 빛의 잔상을 관찰합니다. 그리고 몸속 마음의 반응과 변화를 알아차립니다. 10분이나 20분쯤 합니다. 일출이나 일몰의 시간이 길지 않아 여러 번 할 수는 없지만 가능하면 세 번쯤 반복합니다.

태양 명상을 하다 보면 몸속에 냉담하고 슬프고 자기중심적인 마음들이 뭉쳐 있다 풀려나오기도 합니다. 뭉친 것을 알아차리고 계속 관찰하면 녹아내립니다. 심장이 뚫리고 머릿속 단단함과 차가움이 사라지기도 합니다. 뭉친 근육이 풀어지는 느낌도 듭니다. 사람의 체질과 병의 정도에 따라 효과는 다를 수 있지만 간 기능에도 도움을 줍니다. 마음에 차갑게 뭉친 기운들이 풀어지니 간이 좋아지는 것은 당연할 것입니다.

일상에서도 외롭거나 우울할 때 촛불을 하나쯤 켜 놓으면 위안이 됩니다. 촛불 명상은 작은 불이어서 실내에서 할 수 있습니다. 촛불이 한곳에서 오롯하게 타고 있기 때문에 정신 집중을 돕습니다. 산만한 사람도 촛불에는 마음을 모을 수 있습니다.

지성이 풀려 수성이 되었다가 화성이 됩니다. 변화가 더 심하게 일어나면 풍성이에요. 화성이 풍성을 만나면 영향력이 엄청나요. 파괴력도 엄청나게 커집니다.

풍성 관찰

풍성과 풍성의 마음

풍風은 바람입니다. 바람은 미세하게 불었다 살랑살랑 불었다 세차게 불었다 태풍처럼 몰아치기도 합니다. 자연에 에너지가 많을 때는 풍성이 활성화된 경우가 많아요. 풍성風性은 몸 안팎으로 흐르고, 변화하고, 퍼지고, 자유롭고, 오간 데 없으며, 움직이는 성품을 말합니다. 바람의 움직이는 동력이 없으면 생명 활동은 불가능합니다. 몸속에서도 바람 기운이 물질을 실어 나릅니다. 우리가 바람 기운인 숨을 쉬고 사는 것도 바람이 자유로움과 힘을 품고 있어서입니다.

풍성은 행위와 자유로움을 유발합니다. 풍성이 활성화되면 사람도 가만히 있지 못하고 산만해요. 밖으로 뛰쳐나갔다가 느닷없이 끼어들기도 합니다. 흔들리고 떨리고 없어지기도 하지요. 사람의 마음에 풍성이 많아지면 산란하고 혼란스럽고 움직임이 많아져 수선스럽습니다. 거친 풍성이 움직이는 과정이 그런 느낌을 줘요.

정화된 풍성은 자유로운 느낌을 줍니다. 생각이 스스로 자유로워지고 영혼이 가벼워져요. 다른 사람에게도 자유로움을 줍니다. 다른 사람이 내 마음으로 들어올 때 어때요? 흔들리죠. 마음이 다가올 때도 미세하게 움직임이 있어요. 단단함이 풀어질 때 느껴지는 기운도 풍기風氣예요. 움직임이 바람의 기운입니다. 내가 변화할 때 잘 보세요. 여러분 마음에 에너지가 많으면 행동이 되고 움직임이 되잖아요. 에너지가 많은데 무거운 게 눌러 속에 웅크리고 있어요. 그 웅크린 것이 풀어진다고 생각해 봐요. 엄청나겠죠.

변화의 핵심에는 바람의 기운이 가장 많아요. 변화는 흔히 외부에서 내부로 들어와요. 계절이 바뀔 때도 편서풍이다 동남풍이다 바람의 기운이 먼저 바뀌어요. 계절이 바뀔 때 바람에서 변화의 흐름을 제일 먼저 알 수 있어요. 지성이 풀어질 때 변화가 있으면 풍성이 작용하고 있는 거예요.

마음의 정신적인 영역과 많이 연결되어 있는 것이 풍성이에요. 정신은 비교적 자유롭잖아요. 잘 때 정신은 다른 곳에 갔다 와요. 이것이 풍성이에요. 생각이 다른 곳을 날아다녀요. 내 앞의 대상은 이런 말을 하는데, 나는 듣지 않고 다른 주제에 대해 생각하고 있잖아요. 마음이 이리 획 저리 획 날아다니고 있으니 풍성의 작용입니다.

풍성이 너무 많으면 사람이 미치기도 해요. 한곳에 꽂힌 생각은 지성이 많아 풍성을 찾기 힘들어요. 들떠서 여기저기 돌아다니면 풍성이 많은 생각이에요. 풍성이 많으면 한 개념에 머물러 있지 않아요.

'바람을 피우는 것'도 떠 있는 것이에요. 한곳에 안주하는 것은 지성에 가까워요. 욕망에도 풍성이 많아요. 욕망은 물질이 많이 붙은 무거운 풍성이라고 할 수 있어요. 욕구가 일어나고, 생각이 일어나고, 욕망이 화라락 일어날 때 마음 안을 잘 관찰해 보시면 무거운 풍성이 많이 보일 거예요.

화도 잘 보면 강한 감정이 풀어지면서 활동하는 풍성임을 알 수 있어요. 내 감정으로 폭풍처럼 분노의 바람을 일으켜 흔들어 대죠. 화난 말과 행동으로 대상을 공격하며 휘둘러요. 당하는 사람이 상처를 받아요. 그러면서도 자기가 아니라 대상이 나를 힘들게 한다고 생각하죠. 화날 때 자기 감정을 잘 관찰하면 자기 안의 강한 감정이 회오리쳐서 사람들에게 피해를 주는 걸 알 수 있습니다. 우리는 인간 세상이라는 욕심 세계에 사니까 군중 심리에 휩쓸려 따라가기도 하잖아요. 그 활동성도 내 안의 거친 풍성의 작용이에요.

흔히 바람 기운을 어디서 느끼죠? 호흡에서 바람 기운을 많이 느낄 수 있어요. 숨을 코로 입으로 들이마셔 보세요. 바람 기운이 잖아요. 숨이 들어올 때 거의 바람의 기운처럼 들어와요. 내쉬어 보세요. 나갈 때도 바람의 기운이 느껴지지요? 내부의 것이 외부로 나가요. 외부의 것이 안으로 들어와요.

호흡에 집중하고 관찰해 보세요. 호흡이 드나들며 자기를 보게 하고 알게 해요. 옛날 불교의 이론가들은 호흡을 '바람 풍風'으로도 번역했어요. 호흡의 속성이 바람인 것을 안 거죠. 바깥 공기가 나에게 들어올 때 끌어당기는 의도는 누가 내요? 내가 내요. 물론 저절로 들어오는 것도 있어요.

힘들 때 한숨 쉬잖아요? '하~' 하고 숨을 길게 쉬잖아요. 한숨 쉬지 말라고 하지만 힘들 때는 그거라도 해야 돼요. 산행을 하거나 높은 곳 올라가면 숨을 빨리 쉬잖아요. 힘드니까요. 호흡이 몸의 힘듦과 내 안에 뭉쳐 있는 거친 것을 녹이는 역할을 해요. 호흡에는 좋은 호흡 나쁜 호흡이 없어요. 호흡을 어떻게 하는가가 중요한 것이 아니라 그것을 그대로 지켜보는 것이 중요해요.

한숨도 역할이 있어요. 바람은 오장 중 폐에 영향을 많이 줍니다. 폐는 바람의 숨을 들어오게도 하고 내보내기도 하기 때문입니다. 하지만 숨이 안으로 들어올 때 순수한 바람만 들어오지는 않아요. 외부에 있는 자연의 기운과 품성도 함께 들어와 폐의 마음을 건드립니다. 그래서 들숨과 날숨이 폐를 관통할 때 잘 관찰하면 알아차림이 많아집니다. 짧게 들어오는지 길게 들어오는지 생각과 함께 들어오는지 보세요. 들숨이 긴지 날숨은 짧은지 살펴보세요. 많은 것을 알 수 있습니다. 바람 기운인 숨은 폐와 관계하지만 이웃한 심장과도 매우 밀접한 관계입니다. 그래서 폐에는 심장과 연결되는 폐동맥이 있습니다.

풍성 관찰을 열심히 하면

바람이 불면 시원하기도 하고, 춥기도 하고, 마음이 부풀기도 하고, 들뜨기도 하고, 무섭기도 해요. 바람 명상은 미풍, 강풍, 열풍, 태풍, 냉풍, 폭풍 등 다양한 바람을 보고 느끼고 접촉하고 관찰하면서 몸과 마음의 현상을 관찰하는 것입니다. 여러 가지 바람을 만나는 바람 명상은 많은 것을 알아차리게 합니다. 바람 소리를 듣고 바람을 느끼면서 몸과 마음의 반응을 관찰해 보세요.

바람을 몸으로 수용하고 마음으로 수용하고 인정하면서 그대로 느껴 보세요. 내 안의 풍성이 반응하는 것을 느낄 수 있어요. 숨어 있던 두려움이나 설렘의 감정이 올라올 수도 있어요. 바람은 계절마다 환경마다 다르기 때문에 여러 가지 바람을 느끼고 받으면 그것에 반응하는 나의 마음도 볼 수 있습니다. 이처럼 변덕스러운 나까지 인정하게 되면 자유로운 마음에 더 가까워지지요.

동서고금을 통틀어 바람은 자유와 변화의 상징입니다. 바람 명상은 묶인 마음과 몸을 풀어내 몸과 정신을 더 큰 세계로 이끌 힘을 줄 거예요. 바람과 소통하면 물질에 묶인 몸과 정신으로부터 벗어날 수 있어요. 바람의 성품을 되찾아 자유로운 몸과 마음의 상태를 찾아가는 것을 바람 명상이라고 해요.

풍성에도 안과 밖 두 가지 조건이 있는데, 내 안의 풍성까지 관찰하려면 마음 깊숙이 들어가야 합니다. 껍데기층인 몸을 거쳐 행위를 유발하는 몸을 통해 마음층까지 들어갔는데, 마음속 바람의 거친 형태가 건드려지면 명상 현상으로 행위가 나오기도 합니다. 정화되지 않은 풍성 마음층을 건드리게 되면 집지(집착하여 마음에 의도적으로 간직)했던 행위가 나오거든요. 그래서 움직임을 속성으로 하는 풍성을 보면 내 마음의 행위층이 많이 보입니다.

풍성 관찰 명상은 외부의 기운이 들어와 변화를 일으키는 것을 알아차리는 거예요. 단단한 업 뭉치에 외부의 기운을 의식으로 계속 불어넣고 있으면 변화가 생겨요. 계속 보면 단단한 뭉치라고 지성 한 가지로만 되어 있지는 않아요. 지성인 줄 알았는데 수성으로 나오고 지성인 줄 알았더니 풍성으로 나와요. 지성인 줄 알았는데 열이 많이 나와요. 뭔지 모를 떨림이 많이 나와요. 업력이 지성처럼 웅크리고 있다 외부의 빛과 바람, 공기, 소리가 스며들면 결국 풀리면서 녹아 나와요. 세상의 무엇도 한 성품으로 고정되어 있지 않고 계속 바뀌어요. 그렇게 바뀌게 하는 것이 풍성이고 공성이에요. 단단했던 지성도 풍성을 거쳐 공성이 돼요.

공성이 되면 본래의 마음으로 연결되어 모든 문제가 없어집니다. 빈 공간과 같은 본래의 마음은 그냥 다 수용하기 때문에 그렇습니다. 허공이 대상을 밀어내는 것을 봤어요? 허공은 "내 자리니까 올라오지 마. 내 거야." 하며 버티는 게 없잖아요. 바위가 그 자리 차지하고 있다고 허공이 밀어내요? 바람은 밀어내요. 바람은 허공을 찾아 밀어내고 치워요.

내 몸속에 세세생생 반복한 잘못된 생각과 감정과 경험들을 꽉꽉 채워 놓았잖아요. 바람이 세게 불면 날아갈 것 같아요. 나도 모르게 힘을 줘요. 움켜쥐어요. 그게 단단함으로 마음에 저장돼요. 바람은 치우기도 하지만 움켜쥐게도 해요. 양면적인 거죠. 그래서 풍성 관찰은 더 세심해야 합니다.

자연의 풍성을 만나 봅시다

바람은 누구에게나 환기가 되고 전환의 계기가 됩니다. 기분 좋고 상쾌하게 합니다. 그러면서도 무겁고 잘 변화하지 않고 모양과 형태와 질량을 가지고 있는 물질을 흔들고 부수고 날리고 없애 줍니다. 자연 속에서 바람과 만나는 명상은 다음과 같은 분들에게 더욱 효과적입니다.

- 물질에 욕심과 집착이 많은 사람
- 지나치게 물질적인 생각을 많이 하는 사람
- 변화를 싫어하는 사람
- 자기애가 강한 사람
- 몸이 무거운 사람
- 몸을 지나치게 위하는 사람

바람 명상은 바람 부는 날 바람을 느끼기 좋은 곳에 앉거나 걷거나 누워서 할 수 있습니다. 그 방법은 다음과 같습니다.

1) 바람 부는 곳에 앉거나 바람 속을 걸으면서 바람을 보고 듣고 느낍니다. 바람에 반응하는 몸과 마음의 반응에 집중합니다. 30분 정도에서 시작해 점차 시간을 늘려 가면 좋습니다.
2) 편안한 곳에 앉아 눈을 감고 잠시 몸의 반응과 그 속에 있는 마음의 현상을 알아차려 봅니다. 30분 정도 합니다. 3번 반복합니다.
3) 내 몸과 마음을 바람에 맡기면서 바람이 되어 봅니다.
4) 각종 바람의 마음을 느껴 봅니다. 알아차립니다.
5) 내 몸과 걱정거리, 생각을 바람에 맡겨 봅니다.

바람 명상은 괴로움을 날리고 막힌 가슴과 단단한 머리를 완화시키는 데 효과가 있습니다. 심폐의 거친 업장을 흔들어 몸속 거친 에너지를 빼는 데도 효과적입니다.

바람의 하나인 호흡을 이용해 자기를 보는 것이 수식관數息觀이에요. 수식관은 바람 기운을 알고 그 기운을 이용해 몸을 관찰하는 수행법입니다. 수식관 수행법에 대해서는 『마음을 다스리는 12가지 명상』에 자세히 설명했습니다. 필요한 분들은 참고하시기 바랍니다.

바람이 너무 셀 때는 바람 명상을 권하지 않습니다. 초보자는 바람이 너무 세면 두려움이 올라와 몸과 물질을 더 단단하게 잡아요. 그래서 두려운 마음이 더 커질 위험이 있습니다. 부정관不淨觀을 통해 거친 지성이 많이 떨어지고 나면 강한 바람 명상도 가능합니다.

공성 관찰

공성과 공성의 마음

공空은 빔입니다. 허공과 비어 있음을 의미해요. 비어 있어 무엇이든 들어올 수 있습니다. 무엇이든 수용하고 받아 줍니다. 공성空性은 비어 있으니 변하지 않고 한결같으며, 모든 것을 품는 성질이지요. 하늘과 공터와 여백, 마음속 여유의 기운에서 공성을 맛볼 수 있습니다. 우리 마음 지수화풍공식 속에도 빈 요소들이 있는데 외부의 자연에는 더 많아요. 우리 마음 가장 밑바닥으로 들어가면 블랙홀처럼 넓습니다. 우리가 명상을 열심히 해 겉을 단단하게 싸고 있는 업력을 녹이고 또 녹여 들어가면 가장 안에 무엇이 있을까요? 허공이에요.

우주를 보세요. 별이 많죠? 밤하늘을 봐도 먼저 별이 눈에 들어와요. 그렇지만 별보다 더 많은 게 빈 공간이에요. 사실은 우주 속에도 빈 공간이 훨씬 많아요. 마음도 마찬가지예요. 지수화풍을 보며 사는 우리는 세상에 지수화풍이 가장 많은 줄 압니다. 그러나 사실 세상에는 '공'이 제일 많아요. 공성이 제일 많은데 늘 지성에 가려져 있고, 우리는 지성만 보고 지성에 갇혀 허덕이다가 갑니다. 공성의 풍부함을 모르고 살아갑니다.

마음에 공성이 드러나면 뭐든 다 수용할 수 있어요. 마음에 공성이 발현되면 그대로를 인정하는 일이 저절로 돼요. 사실은 그 공성이 나를 살리고 있습니다. 우리는 하늘만 봐도 가슴이 좀 뚫린다고 느낍니다. 답답함이 사라지고 시원해져요. 내 마음속에 물질로 가득한 가짜 마음이 내려가고 비어 있음이 드러나서 그래요. 그냥이라도 하늘을 많이 보면 좋습니다. 하늘은 허공과 같은 성질을 갖고 있어 보기만 해도 갇혔던 영혼까지 자유로워지거든요.

본래의 마음은 빈 공간 같아 그냥 다 수용해요. 허공이 대상을 밀어내는 걸 본 적 있나요? 그렇지 않아요. 바위가 거슬린다고 허공이 밀어내요? 바람은 밀어내요. 바람은 밀어내고 치워요. 그런데 허공은 다 받아 줍니다. 놀랍고 위대한 것이 허공이고 공성입니다.

허공은 지혜와 직결되어 있습니다. 지혜는 그저 비춰 줍니다. 허공과 허공에 들어온 물질을 다 비춰 줘요. 허공에는 물질이 많지는 않아도 허공과 물질 둘 모두를 그저 인정하고 비춰 줍니다. 자기 나름의 고유한 품성을 드러내게 해 줘요. 허공에도 내 눈높이에서 나를 감싸는 낮은 허공이 있고, 높은 허공이 있습니다. 높은 허공을 보는 게 좋습니다. 흔히 볼 수 있는 높은 허공인 하늘을 많이 보세요.

공성 관찰을 열심히 하면

허공의 기운들은 비어 있음, 받아들임, 허용, 공존, 인정, 여유의 마음들을 머금고 있어요. 하늘을 보면 내 마음에 들어차 있는 물질, 답답함, 빡빡함, 다급함, 구속, 급함, 성취욕, 목적성, 조급함이 잠시 녹아요. 여유와 넉넉함, 인정, 한가로움이 공성 관찰 명상이라고 할 수 있어요.

하늘, 구름, 허공, 공기를 보고 접촉하고 받아들이면서 그 기운들을 그대로 인정하고 알아차리는 것이 공성 명상이에요. 허공만 바라보아도 심연에 있는 넓고 넓은 허공의 마음들이 공명해 열리거든요. 허공은 여유롭습니다. 모든 것을 품어 안고 인정하고 허락하는 특성이 있어요. 멀리 갈 것도 없이 주변의 산이나 높은 바위, 건물 옥상 등에 올라가 하늘 위 끝없이 펼쳐지는 빈 공간을 바라보세요. 그것만으로도 몸과 마음이 자유로워지는 게 하늘 명상의 효과입니다.

보통 물질세계에서는 빈 곳을 보면 채울 생각부터 합니다. '여기는 소파를 들이고…', '여기는 사물함을 넣어 물건을 정리해 두고…' 하는 생각들이죠. 공성 관찰 명상을 하다 보면 비어 있음 자체에서 가벼움, 편안함, 자유로움, 여유로움을 느낍니다. 비어 있을 때 발견하는 것이 지혜입니다. 비어 있을 때 공간에 빛이 들어오듯 지혜가 많이 드러나요. 있음과 꽉 참에서는 지혜가 드러날 수 없어요. 감정이 차 있으면 지혜가 드러나지 않아요. 욕심이 그득해도 지혜가 드러나지 않아요. 외면과 무지가 많아도 지혜는 드러나지 않고, 아만과 악견_{惡見}이 많거나 생각이 많아도 지혜는 드러나지 않습니다. 뭐든 많으면 그 자리에 항상 있는데도 드러나지 않는 게 지혜예요.

허공에도 욕심이나 무지, 아만 같은 것이 조금 있을 수가 있어요. 맑은 하늘에 구름이 생기고 비행기가 날고 미세 먼지가 있듯이요.

공성 관찰은 비어 있음을 보는 것이니 몸에서도 비어 있는 곳을 찾아 관찰해 보세요. 목구멍이나 폐, 위장 속에도 빈 곳이 많아요. 귓속이나 콧구멍도 비어 있습니다. 그곳에서 공성을 보다가 공성이 안 보이면 풍성을 보면 됩니다. 풍성은 움직임이고 작용하는 것이니 움직임을 보는 게 집중이 더 잘 되거든요. 풍성을 보면 다시 공성이 보입니다. 풍성이 지나가면 공성이 보여요. 풍성을 보면서 공성을 보는 게 빠를 수 있습니다. 풍성과 함께 공성이 드러나기 때문입니다.

일상에서 공간에 들어갈 때도 허공을 보며 들어가세요. 방에 들어갈 때도 여백을 보며 들어가는 연습을 하세요. 일상에서 허공을 보며, 허공을 인식하며 들어가는 게 공성 관찰에 도움이 됩니다. 냉장고도 허공을 보며 물건을 집어넣으면 물건이 많아지지 않아요. 사람들은 물건만 봅니다. 그러니 비면 또 채우지요. 집에 물건을 많이 두면 공성이 줄어요. 명상을 하다 보면 '소유가 부담스럽다', '없는 미학도 괜찮다'는 사람이 늘어요. 멋진 일이지요. 전에는 없는 것이 불만이었잖아요.

현실에서 빈 공간을 확보하면 마음에도 여유가 생겨요. 방에도 비어 있는 공간이 있어야 하고, 장롱에도 비어 있는 공간이 있어야 하고, 침대에도 비어 있는 공간이 있어야 합니다. 현실에서 빈 공간을 확보하는 태도가 필요합니다.

허공 명상은 바쁜 일정에 쫓겨 사는 현대인들의 스트레스를 푸는 데 효과적입니다. 쉬면서도 늘 일정표를 짜는 생각과 습관을 없애 줍니다. 또한 항상 부족하다고 느끼고 더 가져야 한다고 생각하는 사람들에게 없음과 자연 그대로의 이치를 느끼게 합니다. 모든 현상을 그대로 받아들이는 여유로움을 터득하게 합니다. 마지막으로 현재의 괴로움은 사라지는 것이며 지나가는 것임을 알게 해 줍니다.

자연의 공성을 만나 봅시다

한번 관찰해 보겠습니다. 숨을 마시면 배에 숨이 가득 찹니다. 풍선이 부풀어 오르는 것처럼 배가 빵빵해지는 것을 알아차려 보세요. 그러다가 숨을 내쉬면 푸욱 꺼지면서 사라지잖아요. 사라지는 상태도 공성입니다. 숨이 머물렀다가 사라지니까요. 마시고 내쉬면서 변화에서 풍성을 느낄 뿐, 실은 공성이잖아요. 마실 때도 공성, 내쉬고 나도 공성. 숨을 들이쉬고 내쉬면서 관찰하면 공성을 보기에 좋습니다.

공성 관찰을 잘못하면 아만을 키우기도 합니다. 물질세계 속에서 살아야 하는 존재인 내가 물질을 필요 없다고 생각하는 오류에 빠지기도 해요. 높은 이상향만 내세워 직면한 내 현실-물질계를 통찰하지 않는 겁니다. 허공을 보아도 허공 속에 있는 있음도 함께 보는 것이 지혜입니다. 아만은 위로 올라가려고 해요. 감정이 실리면 아만이 위로 뻗치고 올라갑니다. 위로 치받는 것이지요. 항상 자신을 우위에 두고 모든 것을 아래로 내려다보는 거예요. 허공은 높은 곳에 있는 것이 아니라 모든 곳에 놓여 있음을 알아야 해요. 지수화풍공식으로 안과 밖을 같이 관찰하는 것이 아만 관찰에는 최고입니다. 너를 보는 중에도 너를 보고 있는 나의 인식과 판단을 함께 관찰해야 합니다.

공성 관찰 명상은 마음이 바쁘고, 뭔가를 빨리 이루고 싶어 하고, 욕심 때문에 괴로운 사람에게 효과적입니다. 바쁘고 여유가 없는 사람에게 잠깐씩이라도 권하고 싶은 명상법입니다. 자연의 허공을 만나 봅시다. 바쁜 일상에서 허공 명상하는 법을 간단하게 설명해 볼게요. 빌딩으로 조각난 하늘 아래서라도 할 수 있습니다.

1) 밖에 나가 한가로운 듯 허공을 봅니다.
2) 눈으로 하늘과 구름을 보고 또 봅니다. 계속 봅니다. 심심하면 허공을 크게 들이마셔도 봅니다.
3) 허공과 함께하는 나의 몸과 마음을 느껴 봅니다.
4) 내 몸과 마음의 공성을 알아차려 봅니다.

허공 명상은 장소에 국한받지 않습니다. 사방이 확 트인 공간이 있는 곳이라면 어디든 좋습니다. 자연 속에서 여유 있게 하면 더 좋지요. 그럴 때의 방법입니다.

1) 산 중턱이나 바닷가 모래사장처럼 사방이 훤히 보이는 곳에 앉아서 공간을 멍하니 바라봅니다.
2) 시간을 정하지 않고 공간 속에 그냥 머물기만 합니다.
3) 공간 속에 머물면서 들려오는 소리도 듣고 바람결도 느끼고 햇빛도 느낍니다.
4) 누워서 하늘을 봅니다.
5) 눈을 감고 나를 감싸고 수용하고 있는 허공을 느껴 봅니다.
6) 생각이 일어나면 생각이 없는 자리가 있는지 집중해 봅니다.

허공 명상할 때는 유의해야 할 점이 있습니다. 허공은 지성의 단단함도 품고 있고 수성의 축축함, 화성의 따뜻함, 풍성의 움직임을 모두 조금씩 품고 있어 종합 명상이라고 할 수 있어요. 허공에는 자연 요소들이 두루 섞여 있어 지수화풍을 포함한 여러 명상을 한꺼번에 진행할 수 있습니다. 그래서 제대로 하려면 몸 관찰 명상을 통하여 몸의 단단함을 조금이라도 풀고 이완된 상태로 허공을 마주하는 것이 바람직합니다.

또한 허공은 넓고 많은 성품들을 광활하게 품고 있어 혼자보다는 여러 사람이 함께하는 것이 좋습니다. 그리고 허공에는 시간 개념과 공간 개념이 없어 명상에 시간을 정하지 않는 것이 좋습니다. 부득이한 경우가 아니면 시간을 잊고 진행하는 것이 좋습니다. 마지막으로 바위에 앉아서 허공 명상을 할 때는 종종 앉고 서고 눕는 등 자세 변화를 주는 것이 필요합니다. 바위의 단단함이 몸 안으로 들어오는 것을 막기 위함이며, 사이사이 몸을 풀며 명상하는 것을 권합니다.

식성 관찰

식성과 식성의 마음

'식識'은 좀 어려운 개념입니다. 마음이라고 생각하면 가장 가까울 거예요. 자아의식으로 생각, 인식, 판단, 분별하는 것을 식이라고 할 수 있어요. 업식이라는 말처럼 식은 대부분 업에 물들어 있지만 업식 이면에 지혜를 품고 있는 성품도 의미합니다. 내 인식과 판단과 생각의 식성識性이 자연의 각종 마음을 만나게 되면, 내 인식과 판단과 생각의 틀이 무너지게 돼요.

자연은 모두에게 통용되는 자연스러운 법이法爾의 이치를 있음의 세계에 구현하는 것이라서, 순수 자연의 이치는 순간순간 변화하면서 다가오는 모두에게 자리를 내어 주며 공존해요. 자연은 객관과 대상을 그대로 수용하고, 의도 없이 받아들여 어울려 지내요. 그대로 삶을 수용하면서 살아가요. 그렇게 자연의 수많은 대상들은 내 좁은 인식 범위를 넘어 나와 공생하며, 내 고정된 생각 범위를 넘어 나와 상생하며, 나의 앎과 판단의 오류들을 아무것도 아니게 합니다. 자연은 대상과 말없이 공감하고, 인정하고, 수용하고, 공유하는 것을 알게 하는데, 이를 알아 가는 과정을 식성 관찰이라고 합니다.

마음속으로 '배가 고프다'고 생각해요. 그게 식의 작용이에요. 배가 고픈데 그 상태가 계속되면 어떻게 해요? 어떤 사람은 신경질이 나요. 그건 감정이에요. 어떤 사람은 신경질이 나기 전에 얼른 먹으러 가요. 행위를 해요. 그래서 음식이 몸으로 들어오면 마음이 편해져요. 그럴 때 시시각각으로 일어나는 생각들을 관찰해 보세요. 우리는 늘 생각을 해요. 대상을 보면서 끊임없이 분별·판단하고, 누가 아프면 원인이 무엇인지, 어떻게 해야 할지 생각해요. 걱정도 생각이에요. 판단, 분별, 걱정을 누가 하고 있어요? 내가 하고 있어요. 내가 생각하는 존재라는 것을 알아차리는 것, 어떤 생각을 하는가를 늘 알아차리는 것이 식 관찰이에요. 쉽지는 않아요. 그래서 연습이 필요해요.

몸 관찰 명상을 할 때 몸의 반응 여기저기를 의식으로 계속 느끼잖아요. '어깨가 뻣뻣하구나', '눈꺼풀이 떨리네' 하고 느끼고 알아차려요. 그러면서 가장 많이 파악하는 것이 뭐예요? '아, 내가 또 생각에 빠졌구나. 생각을 따라갔구나' 해요. 딴생각을 하는 순간 몸 관찰을 놓치거든요. 몸 관찰 명상은 몸의 단단함을 느끼며 의식을 거기에 계속 대고 있어야 하잖아요. 그렇게 집중해야 뭔가 해결이 나요. 근데 생각이 끼어들면 그 순간 의식은 달아나요.

생각은 너무 다양해서 한마디로 정의할 수가 없어요. 스치듯 드는 생각도 있고 꼬리에 꼬리를 물고 일어나는 생각도 있어요. 한 생각에 꽂혀 그 생각에서 벗어나지 못할 때도 있어요. 우리는 보통 그렇게 살다 죽어요.

식성 관찰을 열심히 하면

내 생각을 쭉 보는 게 식 관찰이에요. 하나의 생각에 오래 매여 있으면 그건 지성이 많은 생각이라고 볼 수 있어요. 이 생각에서 저 생각으로 흐름이 있다면 수성이 많은 생각이고, 열정과 분노가 붙어 생각이 끊임없이 끓어올라 괴롭다면 화성이 많은 생각이에요. 뜬금없이 밥 생각하다가, 님 생각하다가, 시험 생각하다가 변덕이 죽 끓듯 한다면 풍성이 많은 생각입니다. 공성의 생각은 뭘까요? 생각이 잦아드는 것, 없어지는 것이라고 볼 수 있어요. 생각의 꼬리마저 희미해지다 공성에 도달해요.

생각이 일어나면 어떻게 돼요? 욕구가 일어나고 그에 따른 생각이 또 욕심을 키워 놓잖아요. 생각이 없어지면 욕구는 일어났다가도 금방 꺼져요. 욕구에 생각이 붙으면 꺼지지 않아요. '이거 먹고 싶다' '저게 더 맛있겠지' '이 사람 엄청 먹네' '내가 더 먹을 거야' 생각이 이렇게 구르면 어떻게 돼요? 엄청 먹어요. 욕구는 금방 채울 수 있어요. 하지만 꼬리를 무는 생각은 욕구보다 사람을 더 괴롭힙니다.

내가 지금 그러고 있다는 것을 알 수 있는 방법이 의식의 알아차림이에요. 내가 생각하고 있는 그 자리에 의식을 두고 계속 집중하면 생각이 알아차려지고 생각이 없어져요. 그럼 공 속으로 들어가요. 알아차리면 순간 사라지죠. 그 순간 공을 봐요. 생각은 순간 사라지지만 바로 또 나오기도 해요. 마음속에 이런저런 기록을 너무 많이 집어넣어 놨기 때문이에요. 첩첩산중처럼 첩첩이 나와요. 꾸역꾸역 나오기도 해요. 그렇게 살다 보니 우리는 마음이 비워진 허공이라는 것을 좀체 느낄 수가 없어요. 여유, 인정받음, 함께함 같은 것들이 공 속에 있는데 이런 넓은 마음의 세계를 알지 못해요. 생각에서, 뭔가를 이루어야 한다는 욕구에서, 해결하지 않은 감정에서 벗어나지를 못하죠.

순간순간 내가 무슨 생각을 하고 있는지 일상에서 알아차리는 것이 중요한 연습이에요. 빠르게, 바쁘게 시스템 속에서 움직이면 내가 어떤 상태인지 볼 수조차 없어요. 대부분 모르고 살아가요. 기계가 막 돌아가면 자기가 기계라는 것을 모르는 것처럼요. 우리는 업력의 기계라고 할 수 있어요. 기계가 정신없이 돌아갈 때는 내가 어떤 일을 하도록 프로그래밍된 기계인지, 뭐 하는 기계인지 몰라요. 막 돌다 어느 순간 '어? 내가 재봉틀이었네' 하고 알아차리는 거예요.

멈춰야 알게 돼요. 돌아가는 중에는 알기 어려워요. 감정이, 생각이, 행위가 일어나고 욕구를 따라 뛰어다니느라 정신이 없어요. 뛰면서도 내가 어떤 사람인지, 왜 뛰는지, 어떤 업력에 휘둘려 급한 건지 보이지 않아요. 멈춰야 내가 어떤 사회 속에 살고 무엇 때문에 뛰어가는지 객관적으로 보게 돼요. 멈춰서 움직이지 못하니 비로소 보이기 시작하는 거예요.

답답하기도 하지만 답답함을 일으키는 것도 나예요. 허공이 답답할 리가 없잖아요. 내 업력이 답답한 거지, 진짜 나는 답답하지 않아요. 진짜 나는 허공같이 비어 있어요. 끊임없이 어떤 사람을 판단하고 생각하고 분별하는 것도 나잖아요. 상대방은 그냥 그럴 뿐이에요. 괴로움은 상대방 때문이 아니라 내 생각 때문이에요. 감정도 어리석음이고 그렇게 행동하는 것도 생각하는 것도 어리석음이에요. 내가 어떤 생각을 하고 매 순간 어떻게 분별, 비교, 인식을 하고 사는지 보는 게 중요해요.

같은 속성끼리는 서로 뭉쳐요. 뭉쳐서 물질이 되고 바깥을 만들어요. 인간의 마음뿐만 아니라 동물의 마음도 같은 속성끼리 뭉쳐요. 메뚜기가 뭉쳐 다니며 들을 초토화시키잖아요. 집단 마음이라는 게 있어요. 군중 심리하고 비슷해요. 우리 안의 지성과 수성이 바깥에 나가 큰 지성을 만들고 큰 수성을 만들어요. 우리 마음 안의 공통적인 것이 바깥에 나가서 뭉쳐 환경을 만들고 자연의 변화를 만들어요.

우리 마음이 모여서 지구의 오존층을 뚫은 거예요. 지구의 온도를 높인 거예요. 지구 생태가 변화하고 여러 가지 질병이 생기는 것을 객관적으로 보는 것이 필요해요. 그것을 볼 수 있는 중요한 토대가 내 생각을 보는 거예요. 생각이나 감정이 자꾸 일어나 관찰을 방해해요. 감정이나 생각이 헛것임을 분명히 인식하고 다시 보세요. 분명한 생각은 맞다고 생각하면 계속 양산돼요. 내가 맞고 옳다는 착각에서 벗어나는 것이 중요해요. 그래야 생각 자체를 줄일 수 있어요.

생각 관찰은 자기가 스스로 인식하는 거예요. 인식은 생각과 비슷한 데가 많아요. 생각은 무게로 잴 수가 없고 잡을 수도 없고 눈으로 볼 수도 없어요. 굵은 생각은 보이기도 해요. 구조화할 수 있고 물질화할 수 있어서요. 사랑하는 사람에 대한 생각이 많으면 그것을 물질로 구현시킬 수 있잖아요. 생각과 이미지를 그림으로 그릴 수 있고 음악으로 만들 수 있어요.

생각과 몸 사이엔 불가분의 관계가 있다는 것을 알아차리는 게 식성 관찰이에요. 생각 때문에 몸이 만들어졌으니까요. 생각이 올라오면 몸에서 나왔다고 생각하는 사람이 있어요. 사실 뜬금없는 생각도 많이 하거든요. 자리가 분명하게 있는 생각도 있지만 그렇지 않은 생각도 많아요. '몸에서 생각하는 것 같아. 생각은 내가 한 게 분명해요' 이렇게 생각하는 사람도 있고 확실하게 목적이 있어서 내가 잡고 있는 생각을 알아차리는 사람도 있어요. 위빠사나를 해서 수행이 깊어지면 몸을 잡는 마음 자체가 옅어져 내가 생각했다고 하지 않아요. 왜냐면 생각이 옅어졌으니 옅어진 공간에서 나온 것으로 느껴져요. 이 총체적인 것이 모두 식성 관찰이에요.

생각 아닌 게 없어요. 마룻바닥의 나무도 나무로서의 마음이 있었어요. 땅을 딛고 생명을 품고 있던 나무일 때도 생각이 있었겠지만, 잘린 채 마루로 여기 있어도 생각이 있어요. 푸르른 생명력이 깃든 생각은 아니겠지만 나와 닿으면서 반응을 해요. 나무의 모습은 달라졌어도 달라진 대로 마음이 있는 거예요. 생명이 끊어졌거나 있거나 차이만 있을 뿐, 교류하는 것이 생각이에요. 교류하면 생각이 일어나요. 어떤 것도 교류하지 않을 수는 없어요. 달라진 나무인 마루의 마음을 느끼는 게 생각 관찰이고 식 관찰이에요.

식 관찰을 잘하려면 생각 관찰을 잘하면 돼요. 내가 몸을 어떻게 생각하는지 관찰해 보면 알 수 있어요. 몸의 단단한 것을 보고 단단한 생각을 보고 그 생각이 다시 몸을 단단하게 만드는 것을 볼 수 있어요.

저 사람이 왠지 미워요. 자꾸 비난하고 싶어요. 그런 생각이 올라올 때 바로 알아차려야 해요. 알아차리고 '내게 꼬인 마음이 있네' 하고 인정하면 끝나요. 문제는 저 사람이 아니고 저 사람에게 걸리는 나잖아요. 그런데 계속 핑계를 대면서 '난 아니고 저 사람이…' 하잖아요. 저 사람을 부정하고 싶은 마음을 못 털고 끌려가고 있잖아요. 그래서 일상에서 나의 생각 패턴을 잘 봐야 해요. 그런 생각을 하는 나를 잘 봐야 해요.

속으로 생각하는 것도 있지만 말로 표현되는 것도 있어요. 대화할 때 내 생각으로 상대방을 어떻게 밀어내고 있는지 봅니다. 겉으로 말은 안 하지만 속으로 '너는 아니야'라고 배제하는 생각을 하지요. 이 또한 생각 그 찰나를 정확히 알아차려야 합니다. 직접적으로 표현을 하지 않아도 마음은 미세한 흐름을 감지하기 때문에 상대방은 나를 부담스러워하기도 해요. 표현은 안 하는데 뭔가가 편안하지 않아요.

내 감정이 어떤 때 일어나는가, 어떤 관념에 걸려 부르르 하는가를 잘 보는 것이 식 관찰이에요. 행동에도 감정에도 마음이 붙어 있어요. 대표적으로 생각을 마음이라 볼 수 있다는 거죠. 그 생각을 마음이라고 보는 자체를 식 관찰이라고 하는 거예요. 우리는 내 몸이나 내 생각의 범위를 좀체 벗어나지 못하잖아요. 자연을 대상으로 식 관찰을 하면 인식의 범위가 넓어져요.

지수화풍공식 하나하나의 요소를 잘 관찰해서 요소요소의 관계성을 알아차리려 해도 내 마음대로 안 됩니다. 그럴 땐 바깥에 맡기세요. 별, 태양, 땅에 맡기고, 계절에 맡기고, 시절 인연에 맡깁니다. 시간을 두고 여유를 가지면 됩니다. 길게 보는 것이지요. 우리는 '지성'인 몸에 갇혀 급해지는 것입니다. 사람은 보통 70~80년을 삽니다. 그러니 급하지요. 우리가 700년 산다면 몸에 그렇게 집착하겠습니까? 몸이 좀 아파도 '700년은 사는데 뭐' 하겠지요. 짧아지면 급해집니다. 그만큼 좁아졌다는 소리예요. 그래서 자연과 함께해야 합니다.

명상을 할 때 안과 밖을 같이 관찰해야 합니다. 나만 알고 나만 보고 있는 건 지혜가 아닙니다. 지혜를 자타불이自他不二라고 하는 이유가 그것입니다. 그래서 지혜를 무분별이라고 하고 일심一心이라고 합니다. 안과 밖을 관찰해 안과 밖이 소통되면 기운이 달라져요.

자연에서의 식성을 만나 봅시다

나무가 생각이 있을까요? 나무의 마음을 느껴본 적이 있어요?

나무 껍데기 벗기고 이름을 새겨도 나무가 따지지는 않아요. 그렇다고 나무에 마음이 없는 것은 아닙니다. 자연에도 사람과 같은 방식은 아니지만 마음이 있습니다. 달도, 별도, 허공도, 바위도 관찰하면 마음이 느껴집니다. 흔히 자연을 무정물로 알고 있는데 그건 인간의 사고에서 본 이치입니다.

자연도 알고 보면 유정물입니다. 돌덩이도 유정물이에요. 바위가 무정물이 아니고 유정물이기 때문에 바위에서 식성이 느껴지는 것입니다. 강물에도 마음이 있습니다. 강물을 더럽게 하고 함부로 했을 때 강물이 어떤 마음이겠어요. 식물도 관심을 주지 않으면 죽어 버립니다. 너무 쳐다봐도 못 견뎌서 죽어요. 다 유정물인 거예요. 마음이 없는 곳은 없어요. 이 세상은 다 마음이 만들었기 때문에 마음이 변하면 다른 모양으로 변하기는 합니다. 하지만 변했다 해도 그 속에는 어떠한 마음이라도 남아 있어요. 마음이 완전히 사라지면 물질이 없어져요. 그것을 아는 게 식성 관찰이에요. 대상의 생각을 보는 것도 식성 관찰이에요.

자연에서 식 관찰 명상하는 방법은 지수화풍공의 자연을 받아들일 때 각각의 마음을 인식하는 것이라고 할 수 있어요. 땅을 밟을 때 땅의 마음을 알면서 받아들이고, 봄기운이 가득한 물에 다리를 담글 때 봄기운이 깃든 물의 성품과 마음을 알면서 느끼는 것이지요. 태양도 마찬가지예요. 가을 햇살의 마음이 다르고 겨울의

찬 기운 속 태양의 마음이 달라요. 그때그때 달라요. 낙엽이 떨어지는 나무의 기운과 여릿한 새싹이 나오는 나무의 기운은 같은 나무라도 달라요. 마주할 때 나무의 마음이 달라요. 그때그때 자연에 가서 마주하는 자연의 요소와 기운에 집중하고 받아들이세요. '이 나무는 삐뚤어졌어. 마음에 안 들어'라는 내 생각을 내려놓고요.

세찬 겨울 바다와 파도, 푸른 하늘 공간의 마음도 인연 따라 상황 따라 그때의 마음을 우리에게 전달합니다. 자연의 식 관찰은 그 순간에 나와 마주한 자연의 성품과 마음을 느끼는 것이에요. 식성 관찰은 그 마음과 합일하고 내 마음을 보는 것입니다. 그렇게 외부의 자연을 통해 내 마음을 넓혀 가는 것이 식 관찰이자 계차별관 수행이에요.

자연의 식 관찰 명상이 쉽지는 않습니다. 그러나 명상을 거듭해 계차별관 속성으로 분포된 마음까지 들어가면, 그다음부터는 대부분 공성이고, 마음이 지혜와 결합하는 체계이기 때문에 자기중심적인 마음이 두두둑 두두둑 떨어집니다. 마음은 세상이나 자연과 결합하는 구조이기 때문에 자기중심적으로 있을 수는 없어요. 마음이 자연으로 열려 바로 소통합니다.

자연에서 식 관찰 명상을 할 때 주의 사항이 있습니다. 자연의 식 관찰을 할 때는 내 생각과 판단으로 자연을 이해하는 것은 금물입니다. 그저 보고 듣고 느껴지는 자연의 현상을 펼쳐진 대로 받아들이는 것이 중요합니다. 사람을 대할 때 그 대상을 자신의 기준과 틀로 분석하지 않는 것과 같다고 하겠습니다. 이기려는 마음을 가지면 위험한 일을 만날 수 있어요.

우리 마음의 반쪽이 나가서 광대한 자연의 마음을 만들기 때문에 자연에는 복합적이면서 핵심적인 마음들이 많이 포진되어 있습니다. 나의 개인적인 마음을 보게 하는 장치도 많습니다. 그래서 자연의 마음을 관찰하면 머리가 아픈 사람이 종종 있습니다. 자연은 공동의 마음을 지니고 있기 때문입니다. 자기중심적으로 좁고 단단한 편견 속에 살다가 공동 자연의 큰마음이 들어가 건드려 주니 흔들려 아픈 거지요. 광대한 자연의 마음이 우리의 몸과 마음을 건드렸기 때문입니다. 알아차림만 잘하면 이는 마음이 넓어지는 과정이니 걱정할 것은 없습니다.

고정 관념이 강하고 아만이 강하고 자신의 논리에 충실한 사람에게 자연 식성 관찰 명상은 효과가 큽니다. 다만 자연을 접하고 난 후 좌선할 수 있는 조건을 마련해 자신의 몸을 관찰하기를 권합니다. 자연의 마음이 들어와 드러난 자기 마음이 많이 흔들려 있을 수 있습니다. 편안하게 충분한 시간 동안 관찰하면 좋습니다. 자연 관찰의 효과가 커지고 변화를 받아들이는 시간입니다.

불교의
자연 명상법

불교의 세계관에서는 바깥의 것이 들어와서 내가 되고 내 안의 마음이 나가 바깥을 이룹니다. 그래서 6계관 수행을 통해 안과 밖을 모두 관찰해야 완전해지는 거예요. (…) 밖의 6계까지 잘 이해해야 비로소 세상과 잘 소통할 수 있는 거지요.

불교 전통에서 바라본
자연 명상

초기불교에서는 인간의 마음 해탈과 깨달음에 수행의 방향이 집중되었어요. 불교 수행법의 전통은 인간 중심에서 출발합니다. 인간의 마음이 해결되어야 자연과 대상이 수용된다고 본 것이지요. 그렇다고 초기불교에서 자연을 이야기하지 않은 것은 아닙니다. 계차별관을 시설하여 자연의 요소들이 몸 안에 들어와 있음을 간접 설명하기도 했습니다. 계차별관이 자연 명상이라고 명명하지는 않았지만 그 내용은 궁극적으로 자연 명상을 말하고 있어요.

불교에서는 자연 일반을 기세간器世間이라 하고 그 생성과 소멸에 대하여 밝히고 있으며, 4세기 유식불교에 이르면 마음 그 자체와의 관계성을 밝히게 됩니다. 수행을 위주로 교학을 이해하며 연

129

구했던 유가사瑜伽師 집단이 마음 자체를 추구해 들어가다가 마음, 즉 아뢰야식의 기능에 공간, 장소, 대상에 대한 인식 능력이 있다는 사실을 알아냈어요. 이때 공간에 대한 인식 능력이 외부의 자연인 기세간이라고 밝혔습니다.

유식불교에 이르러 자연환경이 마음의 근본에 있으며 외부 자연의 여러 요소들이 마음의 핵심을 만든다는 것을 비로소 알게 된 셈이지요. 불교 사상의 핵심은 나와 네가 서로 연결되었다는, 너와 나는 둘이 아니라는 연기법입니다. 그러한 기반에서 자연환경과 교류하는 나의 마음을 발견한 것은 당연한 확장으로 보입니다.

자연이 인간 마음의 외부에 해당한다고 보고 그에 대한 구체적인 이론을 계차별관이라는 수행법으로 정리했던 것입니다. 그 후 수많은 경전에서 계차별관에 대해 말했지만 자세하게 설명하지는 않았습니다. 인간의 마음에 중심을 두다 보니 크게 발전하지 못한 측면이 있습니다. 불교 경전은 공업이라는 표현을 자주 쓰지만 이 공업이 구체적인 자연의 모습으로 설명되지는 않습니다.

대승불교에 이르러 보살 사상이 등장하며 더 넓은 외부 세계를 받아들이게 됩니다. 보살이 바라보는 넓은 외부 세계는 바로 자연 세계입니다. 자연 세계는 유정 너머 비유정의 세계, 비유정의 정신 세계를 포함합니다. 그러나 그 시절의 불교 경전도 외부의 자연, 환경을 모두 마음에 포함시키기 때문에 외부 자연, 환경 그 자체를 논의 대상으로 구체화하지는 않아요.

　그건 현재 우리가 연구해서 정립해야 할 문제로 보여요. 보살심이란 외부 환경에 대한 이해와 함께하는 것이고, 자연환경뿐 아니라 유정물로 거듭나는 무정물에 이르는 것까지 봐야 이 세계가 온전히 일심을 이루는 것이니까요.

　그동안의 불교 경전은 광활한 기세간의 세계를 말하고 우주 법계를 파고들어 연구했습니다. 자연과 유정들이 끝없이 그 마음을 확대해 가는 과정이 우주 법계이기 때문에 정신적인 영역에서도 그 원리가 끝없이 이어지는 것이지요. 우리는 '대아'의 마음에 이르기 위해 '개아'를 넘어서 정체성을 확장하여 큰 지혜를 여는 길을 가고 있습니다. 그 과정은 세계가 지니고 있는 낱낱의 성품과 '나'의 낱낱의 성품을 합일시켜 내는 것이라고 할 수 있습니다.

계차별관과 6계관은
무엇인가

계차별관이란 무엇인가

인도 초기불교의 수행법이 다섯 가지로 체계화되면서 5정심관五停心觀이 되었어요. 5정심관은 부정관不淨觀, 자비관慈悲觀, 인연관因緣觀, 수식관數息觀, 계분별관界分別觀 다섯 가지를 말합니다. 이 중에서 계분별관을 '계차별관'이라고도 합니다. 일부에서는 계분별관 대신 만트라, 즉 염불관念佛觀을 넣기도 해요.

계차별관은 감각 기관의 대상이 되는 외부의 존재를 관찰하여 알아차리는 명상법으로 우리가 제안하는 자연 명상법의 이론적 근거입니다. 초기 불전에는 분별하여 관찰해야 하는 '계界'의 종류가 '근본적인 물질 요소'에 해당하는 지수화풍 4계였어요. 땅의 요소, 물의 요소, 불의 요소, 바람의 요소를 관찰하는 것이었지요. 나중에 공계와 식계가 더해지며 6계가 되었어요. 공계는 허공과 같이 비어 있는 성질이고, 식계는 인식하고 판단하고 생각하는 성질이에요. 몸과 마음의 여섯 가지 성질과 성품을 관찰하는 것이 6계관찰이고, 4계 중심으로 관찰하는 수행법이 계차별관입니다. 그런데 종종 6계관도 계차별관이라고 하기 때문에 6계관과 계차별관은 같은 수행법이라고 할 수 있습니다. 결국 몸의 4대 요소 관찰 명상이 계차별관이며 이것이 더 발전된 형태가 6계관인 셈이지요. 계차별관이 발전하여 6계관이 됩니다.

계차별관의 '계'는 범어 '다투dhatu'를 한자로 번역한 거예요. 범주, 종류, 구성 요소를 가리키는데, 몸과 마음을 구성하는 요소는 하나가 아니라고 봅니다. 앞에서 살펴본 것처럼 지수화풍공식 등으로 구분해요. 각각의 차이가 구별되어 '차별'이라고 해요. '관'은 관찰한다는 뜻이고요. 마음으로 관찰한다는 의미지요. 그러니까 계차별관은 여러 가지 계에서 일어나는 현상의 다른 점, 차별을 마음으로 관찰하는 것입니다.

관찰은 지혜와 관련되어 있어요. 우리가 눈으로 사물을 보고 살피듯이 우리 몸과 마음에서 어떤 현상이 일어나면, 의식으로 그걸 보고 알아차리고 관조하고 직관하는 것이 관찰입니다. 관찰해서 알게 되면 여유가 생겨요. 그래서 지혜와 관련돼요.

계차별관은 계간의 차별을 봐서 차별 없음까지 알아차리고, 그 것을 안팎으로 보는 수행법이에요. 지수화풍공식성은 구별되기 도 하지만 섞여 있어요. 하나의 요소만 홀로 존재하는 경우는 거의 없어요. 그게 계차별관의 핵심이에요.

지성은 지성이라는 고유한 성품으로만 있지 않아요. 자연에는 비가 내리고 태양이 내리쬐고 바람이 불잖아요. 서로 교류하고 소통해야 지성이 존재할 수 있어요. 수성도 마찬가지예요. 나머지 다섯 가지 속성이 있어야 물의 성품이 유지될 수 있는 거지요. 다른 것과 무관하게 따로 만들어져 홀로 있는 건 없어요. 물도 땅도 바람도 불도 그래요. 그것을 알아 가는 것이 계차별관 수행입니다. 계차별관과 6계관은 같은 수행법인데, 둘 다 지성이 어느 정도 풀어져야 잘할 수 있다고 봤어요.

그래서 초기불교는 지성을 어느 정도 푸는 몸 관찰 수행 방법으로 부정관을 제시했습니다. 몸의 장기 등을 관찰하여 장기를 구성하는 업장을 없애는 것이 부정관인데, 관찰하다 보니 몸의 요소로 관찰되었고 그것이 계차별관이었던 것이지요. 몸을 이루는 각종 부분을 관찰하는 부정관을 진행하다 보니 그것이 지·수·화·풍네 가지 요소로 관찰되었던 것입니다.

6계관이란 무엇인가

6계관은 내 안에 있는 지수화풍공식과 몸 바깥에 있는 지수화 풍공식을 관찰하는 명상법입니다. 6계관에서 '관'은 관찰, 즉 위빠 사나입니다. 안의 몸과 마음을 관찰하고 이어서 바깥의 자연 요소 를 관찰하는 수행법이에요. 불교의 세계관에서는 바깥의 것이 들 어와서 내가 되고 내 안의 마음이 나가 바깥을 이룹니다. 그래서 6계관 수행을 통해 안과 밖을 모두 관찰해야 완전해지는 거예요. 내 6계와 바깥의 6계가 어떻게 교류하는가도 알 수 있고요. 밖의 6계까지 잘 이해해야 비로소 세상과 잘 소통할 수 있는 거지요.

원래 6계관찰은 몸의 거친 업을 어느 정도 없애고 난 후에 해야 효과적입니다. 몸의 거친 업을 없애는 방법으로 초기에는 부정관 을 많이 했습니다. 한마디로 6계관은 초보자가 쉽게 잘할 수 있는 수행은 아니라는 거지요. 거친 업이 웬만큼 떨어져 분별하는 생 각이 줄어들고, 물질업이 떨어져, 탐욕, 진에瞋恚, 무지, 아만, 의심, 악견에 끌리는 게 정화되면 몸의 장기들이 서로 소통하게 됩니 다. 그러면 '너'를 그대로 수용할 수 있게 되고 그 단계에서 효과 가 큰 수행이 6계관이라는 거지요. 우리가 일반적으로 생각하는 자연 명상과는 좀 다른 의미입니다.

그런 의미에서 6계관 수행은 부정관의 2단계 수행으로 봅니다. 비로소 내가 외부의 물질 및 정신과 소통하는 수행으로 접어들었다는 의미예요. 부정관이 몸을 중심으로 물질과 육체의 업과 거친 감정, 생각과 고정된 관념을 치유하는 것이라면, 6계관은 몸과 마음의 거친 업이 어느 정도 떨어지고 난 다음에 믿음과 선심善心, 수행력과 공덕을 알게 하는 승해勝解의 마음으로 진행하는 것이지요.

6계관은 승해의 마음, 즉 아디모크샤adhimokṣa를 닦는 단계의 수행입니다. 승해는 뛰어난 이해 또는 확실한 이해라는 뜻으로 명상 대상을 살펴서 분명하게 이해하여, 명상 대상과 명상 중에 일어나는 현상을 시비是非와 사정邪正으로 가려서 인가印可하는 것을 의미합니다. 명상 현상에 따라가지 않고 바로바로 내려놓으며 지혜의 힘을 빌려 사띠(알아차림)를 계속 이어 나가게 하는 마음 작용이지요. 승해의 마음은 대상을 알고 적극적으로 받아들이기 때문에, 대상을 통하여 마음이 넓혀집니다. 자연 명상 중 승해의 마음이 열리면 대상의 지수화풍공식의 마음이 나를 열어 나와 하나 되는 과정을 연출하기도 합니다. 승해는 수행 현상을 결정하는 마음 작용이라 할 수 있습니다. 의식이 확장되다 보면 대상을 이해하는 마음도 확장되고 이 확장된 마음으로 자연의 끝없는 세계를 다시 인식하는 것입니다.

승해의 마음 작용이 잘 발휘되다 보면 대상의 경계를 따라가며 수승하게 이해합니다. 그래서 시·비, 사·정을 잘 살피는 의식이 발휘됩니다. 대상을 수용하는 마음이 커져요. 수용하는 만큼 세계가 넓어집니다. 인식의 범위가 확장됩니다. 물질과 몸에 고정된 채 묶여있던 짧은 마음, 6계로 구성된 마음이 활성화되면서 확장되어 자유로움을 느끼지요. 갇혀 있던 마음이 열리는 것입니다. 사람은 대부분 무언가에 갇혀 있거나 묶여 있습니다. 사람에 갇혀 있기도 하고 관념에 갇혀 있기도 하고 무지에 갇혀 있기도 합니다.

내 안의 6계를 관찰하다 보면 내 성격에도 6계가 섞여 있다는 걸 알게 돼요. 대부분 여섯 요소 중 한두 요소가 너무 많아 편향되어 있다는 것도 알게 됩니다. 여러 가지가 골고루 섞여 있어야 조화로운 사람입니다. 한 가지가 너무 많으면 다른 문제가 생겨요. 예를 들어 풍성이 많은 사람은 가만히 있지를 못합니다. 잡을 수가 없어요. 그래서 풍성이 많은 사람과 일하려면 힘이 듭니다. 풍성이 많은 사람은 교육시키는 것도 힘들어요. 동에 번쩍 서에 번쩍 하니까요. 지성이 많은 아이들이 교육하기는 좋습니다. "똑바로 앉아." 하면 똑바로 앉아 있거든요. 그러면 지성이 더 강해져 문제가 생기는 건데, 우리 사회는 그런 사람을 양산합니다. 좋은 건 아니지요.

계차별관 6계관 수행이 좋은 이유

계차별관과 6계관은 안과 밖을 같이 관찰하는 수행입니다. 안으로 자기 몸을 관찰하고 바깥으로 지수화풍공식을 관찰해요. 바깥의 화성과 내 몸의 화성이 맞닥뜨릴 때 내 번뇌가 더 많이 사라져요. '달도 태양도 하늘도 나와 상관없어' 이렇게 분리된 의식으로 있다가, 같은 요소가 결합하니 하나라는 의식이 생기기 때문이에요. 자연의 지수화풍공식이 내 안의 지수화풍공식 요소와 결합해 쑥 들어옵니다. 달이, 태양이, 하늘이 나한테 쑥 들어와요.

수많은 사람의 화성의 마음이 나가서 만들어진 것이 태양이에요. 외부 환경에 있는 모든 것은 개인의 마음이 나가 모여 만들어진 것입니다. 마음이 천 개면 천 개의 반쪽이 나가서 만든 게 자연 환경입니다. 그래서 자연을 공업이라고 해요. 그 마음이 들어오려면 내 마음의 개아 의식이 어느 정도 떨어져야 합니다. 나라는 존재감과 내 것이라는 관념이 옅어져야 해요. 내가 내 것이라는 관념이 떨어져야 바깥의 화성이 들어와 내 안을 비춰요. 그때 나의 번뇌가 떨어지면서 내 존재감이 옅어집니다.

그래서 5정심관 수행법 중 마음 넓히는 데 가장 뛰어난 게 계차별관이에요. 내 마음은 하나지만 자연과 소통하면 백 가지, 천 가지 마음이 들어와 교류하면서 이해가 넓어지거든요. 관찰은 지혜와 직결되기 때문에 관찰까지 하면 지수화풍으로 나뉘어 있는 물질과 관련된 마음들이 들어와 내 지수화풍을 데리고 나가요. 정말 고맙지요. 그 자리가 공성으로 비워지며 지혜의 마음이 열려요.

자연에는 선한 것도 있고 악한 것도 있습니다. 자연의 한 요소로서 계차별관을 하면 마음이 확장되면서도 외부의 삿된 기운이 침범하지 못해요. 관찰력으로 나를 지키면서 외부를 받아들이기 때문이에요. 마음이 확장되면서 지혜를 키우는 거라 그래요. 몸속 마음의 거친 것이 어느 정도 떨어진 다음에 관찰해서 지수화풍과 결합하면 관찰력도 커지거든요. 그러면 어떤 자연을 만나도 문제가 없어요.

뻗쳐 나가는 업장의 힘도 세고 물질에 대한 마음들이 많은 상태에서의 자연 명상은 자연 속에 있는 이상한 기운들이 들어와도 들어온 것을 인식하지 못합니다. 이미 많은데 하나 더 들어온다고 어떻게 알겠어요. 게다가 관찰력이 약해서 인식하지 못하기도 해요. 지혜가 나를 지켜 주는 상태가 아니기 때문입니다. 그렇지만 지혜가 있을 때는 어떤 자연을 만나도 부정적으로 작용하지 않아요. 뭔가 들어와도 금방 정화되어 없어집니다. 그럴 때는 흙바람 부는데 혼자 있어도 상관없고, 큰 바위에 혼자 있어도 상관이 없어요.

마음이 확장되면 자연에 있는 여러 가지 기운이 나와 하나씩 결합해요. 결합하면서 '나'라는 가짜 마음이 없어지기 때문에 내 마음은 더 넓어지고 지혜는 더 확장돼요. 그래서 계차별관을 하면 바깥에 있는 바위나 나무의 마음이 느껴지기도 해요. 수만 년, 수십만 년 된 바위의 마음이, 바위의 크고 단단한 마음이 나한테 들어와요. 그래도 문제가 안 됩니다. 관찰이 해결해 주거든요. 관찰이 나를 보호하니 자연의 센 마음이 들어와 내 업장과 부딪혀 내 센 마음까지 해결해 버립니다.

관찰을 놓쳤을 때 바위의 마음이 들어오면 바위의 마음에 덮여 내 마음이 더 단단해지기도 해요. 그러면 부정적이고 단단한 생각을 엄청나게 많이 해요. 그래서 먼저 관찰하는 힘을 키우고 자연으로 나가야 합니다. 자연의 어떤 대상이 들어와도 관찰의 힘으로 알아차리면 문제는 안 됩니다.

관건은 내 안에 있는 지성을 내려놓아야 한다는 거지요. 명상을 통해 '아, 내 지성이 이런 상태구나. 무겁고 뾰족하네. 몸과 마음 여기를 주로 공격하는구나'를 알아 객관화하면 도움이 됩니다. 여기도 지성, 저기도 지성, 온몸이 다 지성이니 얼마나 무거워요. 얼마나 힘들어요. 그렇지만 지성이 많은 몸의 여정도 알고 가면 갈 만합니다.

넓게 보세요. 들을 때도 넓게 들으세요. 싫은 소리, 나쁜 소리, 분별하지 말고 모두 수용해서 들어 보세요. 소리 수용은 선한 마음 작용, 즉 선심소善心所를 열 수 있는 대표적인 방법입니다. 물소리 새소리를 들으면서 소리에 나를 맡겨 보세요. 냄새도 분별하지 말고 그냥 맡아 보세요. 온갖 냄새를 그대로 수용해 보세요. 그 과정이 수많은 냄새의 마음과 결합하는 것입니다.

사람을 겪으면서 그 사람을 받아들이면, 그 사람 세계만큼 내 마음이 커져요. 이렇게 깨달아야 진정한 깨달음입니다. 밀어붙여서 화두 하나 깨고 '한소식'할 수도 있습니다. 진리가 뭔지는 알 수 있습니다. 그러나 업식(카르마)은 그냥 있어요. 업식은 생활에서 그대로 작동하거든요. 지혜를 체득하면 내 삶을 흔드는 업식이 진실이 아니라는 것은 압니다. 그래도 그 업식이 작동하지 않는 것은 아닙니다. 물론 그렇게라도 진리가 뭔지 알면 좋지요. '대반야'로 갈 수 있는 출발점에 선 것이니까요. 그러나 그것은 켜켜이 쌓여 있는 낱장 하나를 뚫은 것에 불과해요. 뚫은 부분만 좁게 아는 거예요.

낱장 하나하나가 품고 있는 마음은 모두 엄청나게 깊고 넓어요. 자연의 지수화풍공식은 마음 안의 깊고 넓은 인연 관계를 알게 해 줘요. 뚫은 부분만 좁게 아는 것과는 다르지요. 자연의 요소들과 함께 교류하면 앎이 훨씬 풍부해져요. 사실 자연 하나하나는 겉으로 보는 것과 달리 내부에 풍부함이 무궁무진하거든요. 그래서 해탈이 현실에서 적극 작용하는 승해의 마음이 열리는 것으로 연결돼요.

승해의 마음이 열리면 자연 속에 펼쳐진 수많은 대상을 이해해요. 땅도 이해하고, 바람도 이해해요. 바람이 지나가면 바람 속에서 물을 느끼고, 바람 속에 든 센 마음을 느끼고, 바람 속에서 과거도 느끼고, 바람 속에 섞인 변화의 속성들을 느껴요. 모든 대상과 그렇게 교류합니다.

불교 경전에서 외부의 지수화풍공식을 일일이 나열하는 이유가 그래서예요. 내 안의 것뿐만 아니라, 외부의 지수화풍공식도 보라는 이유가 그거예요. 그걸 믿고 교류해서 나도 달라지고 너도 달라지는 과정을 체득하는 수행이 계차별관입니다. 믿음의 마음, 확장의 마음, 수용의 마음을 여는 수행이 계차별관입니다. 자연과 내 마음이 둘이 아니기 때문이에요.

우리는 어떤 식으로든 마음의 물질계를 한 꺼풀 벗겨 내야 합니다. 거기까지는 스스로 노력을 해야 합니다. 자기 몫이에요. 그걸 하고 나면 나머지는 저절로 돼요. 교류하고 소통하면, 열어 놓기만 하면 자연이, 세상이 들어와 많은 것을 해 줘요.

세상이, 자연이, 마음이 이렇게 넓은데 내 거친 업들이 나를 묶어 가리고 있어요. 몸 관찰을 하든, 부정관을 하든, 화두를 잡든, 거친 업은 수행을 하면 한 만큼 덜어져요. 다음 단계의 마음은 안간힘을 써도 그 방식으로는 사실 잘 안 돼요. 공업에 기반한 업력 에너지 그 자체와 연결되어 있기 때문에 들여다보고 씨름을 하고 아무리 열심히 해도 너무 어려워요. 이때 자연을 수용해서 명상하면 알 수 없는 마음들이 술술 떨어집니다. 자연이 들어오면서 기본적인 수행력도 같이 키워 줍니다. 대상과 합일해서 행복감도 느끼게 해 줘요. 그것이 계차별관 6계관에 뿌리를 둔 자연명상의 세계입니다.

계차별관 6계관의 예비 단계 – 부정관

'업'이라고 하는 마음이 있어요. 흔히 가짜 마음이라고 하지요. 이 마음은 떨어져 나온 나, 개아가 오랜 세월 윤회의 바퀴를 굴리며 쌓은 독자 의식, 습관, 관행, 지식, 탐진치가 축적된 에너지 뭉침입니다. 이것이 마음 안에 너무 많이 쌓이면 자제가 안 되고 밖으로 뻗쳐 나와요. 자의식으로 뻗쳐 나오기도 하고, 분노 또는 관념으로 뻗쳐 나오기도 하고, 욕구로 뻗쳐 나오기도 합니다. 대부분의 사람은 평생 그 업이 이끄는 대로 끌려다니며 삽니다. '중생놀음'이라는 표현처럼요. 업이 이끄는 줄도 모르고 욕구나 관념을 따라 정신없이 힘들게 살아가는 거지요.

업이 축적된 에너지가 강하면 말과 행동이 폭력적으로 나오기도 해요. 그걸 업력이 세다고 합니다. 자기중심적으로 주변 사람들을 몰아요. 주변 사람을 위험에 빠뜨리기도 하고 주변을 괴롭혀요. 부정적인 카르마(흑업黑業의 마음)들은 바다 표면층의 거친 파도처럼 으르렁거립니다.

부정적인 카르마가 많은 상태로 사는 것은 만만하지 않습니다. 수행을 하려고 해도 수행이 안 됩니다. 앉아 있는 것도 힘들어요. 뛰쳐나가고 싶고, 화도 나고, 보고 싶고, 먹고 싶고, 가만히 있지 못해요. 세상의 욕구를 따라 쫓아다녀요. 어떻게 해서든지 그 욕구를 채우고 싶어 해요.

관념이 센 사람은 내가 옳다는 생각으로 밀어붙입니다. 그런 사람한테 "다른 의견이 있어요." 하고 말하기는 참 어렵습니다. 관념이 센 사람 본인도 어렵겠지만 상대하는 사람도 어려워요. 내 안의 거친 마음이 어느 정도 없어지면, 상대가 날 압박해도 아무렇지 않아요. 내 안에 두려움이 많으면 필요 이상으로 방어하는 경우가 많지요. 두려움으로 위축된 에너지 때문에 별것 아닌데도 맞서지 못해요. 억울하지요. 억울해서 앉아 있을 수가 없습니다. 억울함에 뻗쳐 나오는 에너지가 잦아들어야 안으로 기운이 모이면서 명상 수행을 할 수 있게 됩니다.

계차별관은 선정으로 들어가는 과정입니다. 사띠(알아차림)가 껍데기층에 머물고 있는 한 선정으로 들어가지 못합니다. 욕구와 생각이 막 튀어나와 이것 해야 하고, 저것 참견하러 가야 하니 선정으로 들어갈 수가 없어요. 초기불교의 부정관 수행법은 이 껍데기층인 업의 마음, 거친 지성을 공략하는 것이었습니다. 지성이 버티고 있으니 어떻게 합니까? 치워야 합니다. 그래서 부정관을 해서 치우라고, 없애라고 했습니다. 지성의 껍데기층이 어느 정도 없어지고 나면 몸의 요소들이 보이기 시작해요. 계차별관을 할 수 있는 준비가 된 것이지요. 부정관 수행에 대해서는 『마음을 다스리는 12가지 명상』에 자세하게 설명해 놓았습니다.

경전으로 만나는
자연 명상

『유가사지론』 27권을 통해서 본 6계관

『유가사지론』이라는 책

인도의 대승불교는 3기로 나누어 볼 수 있는데, 초기 대승불교는 반야와 공 사상, 6바라밀의 실천 사상을 중시했고, 중기 대승불교는 불성 사상과 유식 사상을 중시했어요. 후기 대승불교는 만트라와 만다라, 무드라를 중심으로 하는 밀교로 발전했습니다. 『유가사지론』은 중기 대승불교 권역에 있는 논서로 유식의 수행법을 체계화한 문헌이에요. 인도 대승불교의 유식 수행론을 체계화하고 종합한 이론서지요. 유식唯識은 범어 '비즈냐쁘띠 마트라vijñaptimātra'의 번역입니다. '모든 것은 오직 마음 작용에 의한 것'이라는 뜻이지요. 유식학파는 이 마음 작용의 이론과 실제 수행법을 정리하여 『유가사지론』을 집성했어요. 유식의 3대 논사는 미륵과 무착과 세친인데, 이 논서는 미륵이 지었다는 설과 무착이 지었다는 설로 갈려요. 『유가사지론』은 초기불교에서 아비달마로 이어지는 수행법을 대승불교 유식학의 입장에서 체계화하고 정리한 논서입니다. 수행법과 수행 구조와 체계를 가장 많이 기술한 책이라고 할 수 있어요.

『유가사지론』은 수행론에 대한 내용이 방대하여 수행의 백과사전이라고도 불려요. 총 100권이 오랜 세월에 걸쳐 쓰여지며 완성되었어요. 부정관, 자비관, 연기관, 계차별관, 수식관인 5정심관을 기본으로 하여 다른 수행법과 연계하여 체계적으로 설명했어요. 5정심관에 대해서는 『마음을 다스리는 12가지 명상』에서 소개했습니다. 『유가사지론』은 초기불교의 부정관을 이어받으면서 6종 부정관을 새롭게 시설하였고, 자비관의 체계도 새롭게 선보여요. 연기관 수행법을 처음으로 소개했으며 계차별관 수행법을 구체화했지요. 아비달마의 여섯 가지 수행법과 초기불교의 수행법을 아우르면서 수식관의 행법을 다양화한 것이 특징입니다.

『유가사지론』은 5정심관 수행법의 정형화된 내용을 담으면서도 다각적인 입장에서 정리했어요. 『유가사지론』은 한역 100권으

로 구성되어 있는데, 그중 27권에서 6계관의 행법에 대해서, 31권
에서 6종 위빠사나에 대해서 기술하고 있습니다. 6종 위빠사나를
하면서 6계관을 하는 내용입니다.

먼저 『유가사지론』 27권에 나와 있는 6계관 해석을 볼게요.

『유가사지론』의 6계관

云何界差別所緣 謂六界差別 一地界 二水界 三火界
四風界 五空界 六識界

"무엇을 계차별관의 관찰 대상이라 하는가? 6계의 차별을
말하니, 첫째는 지계地界이며, 둘째는 수계水界이며, 셋째는 화
계火界이며, 넷째는 풍계風界이며, 다섯째는 공계空界이며, 여섯
째는 식계識界라."

지계는 땅의 성품을 말해요. 지계라고도 하고 지성이라고도 하
는데, 다 성품에 대한 설명입니다. 둘째는 수계, 물의 성품. 셋째
는 화계, 불의 성품이고 넷째는 풍계, 바람의 성품입니다. 다섯째
는 공계, 비어 있음의 성품을 말하고, 여섯째는 식계, 인식의 성
품을 말해요.

❶ 지계

云何地界 地界有二 一內二外

"무엇을 지계라고 하는가? 지계 즉 땅의 성품에는 두 가지
가 있으니, 첫째는 내內요 둘째는 외外이다."

땅의 성품을 안과 밖으로 같이 보는 것입니다. 안은 자업, 밖은
공업이지요. 내지계는 몸 안에 있는 단단한 성품입니다. 실제로
몸을 관찰해 보면 단단한 성품이 많이 발견돼요. 뼈가 단단하다,
눈이 단단하다, 장기가 단단하다, 살이 단단하다는 것이 느껴지지
요. 외지계는 자연에서 보는 땅과 같은 단단한 성품을 의미합니다.

內地界者 謂此身中內別堅性 堅鞕所攝地地所攝 親
附執受

"내지계는 몸속 각각의 단단한 성품이며, 단단함과 굳음이
포함되는 땅이며, 땅에 포함되어 있고 서로 가까이 붙어 집
수하고 있다."

내지계는 단단한 것을 집착하여 수용하는 성질입니다. 잡아당기는 힘이 모여 지계를 이룹니다. 한자로 '執受'라고 합니다. 범어 우파야upaya를 번역한 건데, 달라붙어 잡는 것을 말해요.

마음이 집수하는 것이 두 가지예요. 첫째, 몸을 집수하지요. 마음이 몸을 잡아당겨 몸이 유지되며 죽지 않아요. 몸을 잡는 마음이 헐거워지면 죽는데, 마음이 몸을 꽉 잡거든요. 우리는 세세생생 몸을 받고 살아서 몸이 있는 것에 익숙합니다. 몸이 나라고 착각해요. 그래서 몸이 생기면 마음은 저절로 몸을 잡습니다.

둘째, 마음은 명칭 지어진 개념, 언어, 분별을 집수해요. 핸드폰을 보면 핸드폰이라는 명칭을 인식하고 기억하지요. 칠판이라는 명칭을 떠올리는 순간 머리에 그려지는 이미지가 있어요. 마음은 그걸 잡아 유지해요. 그렇게 잡아 집수하는 게 지성입니다. 몸이라는 덩어리 속에는 마음이 붙어 있어 대상을 보면 생각, 분별, 판단, 인식을 해요. 이것과 저것을 구분하지요. 뭘 하면 '했어'를 집지해요. 좋은 일을 하면 그것을 기억하려는 마음이 있어요. 그 과정에 감정이 붙어요. 그렇게 모아 저장한 것을 통틀어 종자種子라고 합니다.

그렇게 생긴 몸과 감정 덩어리를 우리는 '나'라고 생각합니다. 그래서 내려놓기가 어려워요. 좋아하고 싫어하고 미워하고 분노하는 게 다 감정인데 몸만큼이나 내려놓기 어렵습니다. 몸에 대한 집착이 떨어지면 감정도 떨어집니다. 감정을 대표하는 게 욕구입니다. 갖고 싶고 먹고 싶고 사랑하고 싶은 욕구가 떨어져야 몸에 대한 집착이 떨어지는 것입니다.

몸이 피곤하면 화를 내는 사람이 많아요. 몸이 힘든 건 감정도 힘들다는 것입니다. 몸이 편안하면 화가 싹 가시잖아요. 몸과 감정은 두 축이면서 하나입니다. 그나마 두 축만 있으면 복닥복닥하다 말 텐데 마음이 판단하고 인식하고 기억해 잡고(집수) 있습니다. '어제 나 잘 했어' 하면서 의기양양 잡고 있어요. '잘못했어' 판단하고는 불편하고 무거운 감정을 마음에 심어 놓아요. 마음이 잡지 않으면 금방 잊어버려요.

이런 기억을 잡고 있으면 다른 좋은 것이 수용이 안 돼요. 같은 판단만 반복합니다. 그래서 기억력 좋은 사람을 만나면 힘들어요. 기억을 다 소환해 "또 그런다." "넌 그래서 안돼." 하거든요. 사람도 잡지 말고 기억도 잡지 마세요. 마음의 공간과 여유를 잃습니다.

부정관할 때 관찰 대상인 소연所緣은 대부분 지성이라서 부정관하면 나쁜 기록이 먼저 떨어집니다. 사람들은 대부분 나쁜 기억을 자기화해서 저장해요. 좋은 기억은 가볍게 퍼져 곧 잊혀집니다. 좋은 기억은 나누기 때문에 100퍼센트 자기화가 안 돼요. 반면 나쁜 기억은 혼자서 되뇌기 때문에 금방 자기화가 돼요.

내지계는 집수, 집착하여 수용하는 것입니다. 집착하여 굳어집니다. 안으로 되뇌어 단단해집니다. 반복하고 또 반복하면 지성이 돼요. 단단한 것들이 종자가 되어 폭풍의 눈처럼 뭉쳐 세력화합니다. 종자가 세력화되어 힘을 발휘하는 걸 업력이라고 합니다. 내가 안 하고 싶어도 발현되는 게 업력이에요.

업력이란 세세생생 반복한 것, 10년 전에 한 것, 1년 전에 한 것, 어제 한 것, 오늘 한 것이 차곡차곡 쌓여서 만들진 것이기 때문에 한 꺼풀 벗기면 다음 꺼풀이 또 나와요. 내가 만든 것도 있지만, 공업도 들어와 있어요. 태풍이 불면 그 바람도 들어와 나를 만들어요. 세찬 바람, 혹독한 추위가 들어오면 저항하느라 나를 지켜 내느라 엄청나게 단단해져요. 대상이 나를 더 변화시켜요.

지구 온난화로 우리나라 기후가 아열대로 바뀌어 가면서 많은 변화를 겪고 있지요. 땅보다 바다가 빨리 변해요. 지성은 수용이 어려워서 수용이 쉬운 바다부터 생태계가 바뀝니다. 바다 속 물고기가 먼저 달라졌어요. 공성, 풍성, 화성, 수성, 지성 순으로 바뀌는 것입니다. 자연은 훨씬 더 큰 범위예요. 내지계에 비해 외지계外地界가 더 큰 범위입니다. 외지계를 수용하면 내지계가 많이 희석됩니다. 그래서 경전에서도 내지계의 지성에 대한 설명이 외지계로 넘어갑니다.

外地界者 謂外堅性 堅鞕所攝地地所攝 非親附非

執受

"외지계는 밖에 있는 단단한 성품이다. 단단하고 굳음의 땅에 포함되는 것이며 땅에 포함되어 있지만 서로 가까이 붙어 있지 않고 집수하지 않는 것이다."

몸 밖에 있는 자연의 단단한 성품의 지성은 몸 안에서 있는 지성보다 친밀한 관계가 아니라는 것입니다. 몸에 작용하는 지성의 마음은 몸과 밀접하게 붙어 있고 마음이 붙잡아 집수하고 있지만 자연의 지성은 달라붙어 있지 않다는 말입니다. 자연의 지성은 몸을 잡는 마음보다 객관적이라는 뜻이지요.

內地界其事云何　謂髮毛爪齒　塵垢皮肉　骸骨筋脈
肝膽心肺　脾腎肚胃　大腸小腸　生藏熟藏　及糞穢等　名
內地界

"내지계의 현상은 어떠한가? 머리카락, 터럭, 손발톱, 이, 먼지와 때, 피부와 살, 해골, 힘줄과 경락, 간과 쓸개, 심장과 허파, 지라와 콩팥, 위장, 대장, 소장, 생장, 숙장과 똥들을 말한다. 이와 같은 종류를 내지계라 한다."

머리카락, 털이 내지계입니다. 털은 피부보다 겨드랑이와 성기에 많습니다. 그것도 마음의 표현이지요. 센 기운들, 센 마음은 지성에 많습니다. 머리카락에는 지성이 많아요. 옛날 부처님 당대에는 식이 맑으니 모공에 있는 털의 마음도 쉽게 관찰된 것이지요.

몸을 낱낱이 관찰해 낱낱의 지성이 어느 정도 떨어지면 계관찰이 됩니다. 지수화풍공식 계 각각의 특성이 통으로 관찰돼요. 머리카락에 붙은 마음, 눈에 붙은 마음, 이렇게 낱낱으로 관찰되는 게 아니라, 지계가 통으로 관찰됩니다. 그냥 전체로 보여요.

실제로 우리가 눈을 관찰하면 특히 안 좋은 한 쪽 눈의 특정 부위가 집중 관찰됩니다. 계속 관찰하며 낱낱이 풀어내다 보면 마침내 두 눈의 한마음이 관찰되지요. 각각의 눈·귀·코·혀·피부 5관도 처음에는 다섯 갈래 낱개로 관찰되다가 5관으로 갈라지기 전 한마음이 관찰되는 것을 경험하게 됩니다. 한마음이 관찰되는 수준은 쉽지 않아서 머리카락, 터럭, 손발톱, 이를 낱낱이 관찰하는 과정을 거칩니다.

수행자들이 어려움을 겪는 게 대부분 지성 때문이에요. 수행이 어느 정도 되면 단단함부터 무너지니 이가 약해지고 빠지기도 해요. 치료도 해야 하고 불편하기는 하지만 그게 꼭 나쁜 것은 아닙니다. 지성이 해결되는 것이기도 하니까요. 지성이 무너질 때는 몸의 단단한 데가 약해져요. 업이 무너져 최소한만 남아 몸을 유지하는 것입니다. 그러면서도 수행을 계속할 수 있는 것은 다른 측면이 좋아지는 것을 알 수 있기 때문입니다. 몸이 있을 때는 몸의 업이 강력해 몸은 살아 있되 몸속의 업이 사그라져 유여열반有餘涅槃이라고 합니다. 업이 다해 몸과 마음이 다 사그라지면 무여열반無餘涅槃이라고 하지요.

몸의 때도 지성입니다. 먼지가 뭉쳐서 때가 됩니다. 지성이 풀어질 때 살갗을 타고 때가 많이 나와요. 때가 술술 밀리는 건 지성이 밀려 나오는 것입니다. 부끄러워할 필요 없어요. 지성이 강력하면 때도 안 나와요. 해골에도 힘줄에도 지성이 많지요. 당기고 팽팽하고 탄탄하고 이런 게 지성이잖아요. 몸을 관찰하면 때로는 힘줄이 뼈보다 단단합니다. 고집 센 사람을 고래 힘줄 같다고 그러잖아요. 집착이 고래 힘줄처럼 질기게 만듭니다.

간, 쓸개, 심장과 허파, 지라 같은 장기도 내지계입니다. 콩팥, 위장, 대장, 소장, 생장, 숙장, 똥 이런 것도 마찬가지입니다. 원전에 나오는 생장, 숙장은 뭔지 모르겠어요. 불교에서는 장기 이름으로 생장, 숙장을 많이 쓰는데, 우리가 흔히 아는 장기 같지는 않아요. 옛날 인도 사람들은 찰나 찰나 생존과 관련해서 저장할 수 있는 기능을 생장이라고 했던 것 같아요. 생식기나 항문이 아닐까 싶기도 합니다. 내지계를 관찰할 때는 이, 뼈, 해골, 머리카락, 손톱, 발톱 순으로 관찰합니다. 이게 각각 관찰되고 통으로 관찰되는 사람은 몸 안의 지성, 단단한 성품을 통으로 관찰하면 됩니다. 내지계 속에 단단한 마음이 많아요.

마음은 무한대지만 자기가 쓰는 마음의 한계는 정해져 있습니다. 마음은 엄청나지만 성자가 아닌 보통 사람이 쓸 수 있는 용량은 일정합니다. 그래서 마음에 돈을 많이 저장해 둔 사람은 오히려 돈이 안 생겨요. 마음에 이미 돈이 엄청 있어 현실에서는 없는 거지요. 그런 경우는 엄청난 노력을 하고 아끼고 아껴야 돈이 모아져요. 나도 안 먹고 너도 안 먹고, 안 먹는 습관이 생길 정도로 돈을 아끼게 돼요. 마음을 아껴야 하는데 돈을 아끼니 물질이 마음을 지배하여 비틀고 쥐어짜게 되지요. 마음이 좁아지면 그러기도 합니다.

내 마음이 딱딱한 상태에서 대상을 보면 딱딱한 사람만 보이고, 일도 그런 사람하고 해요. 딱딱한 사람들이라 일을 하다가 서로 부딪칩니다. 유연하지 못하니 일도 안 돌아갑니다. 딱딱함을 벗으면 서로 잘 맞아요. 교류하기 때문에 소통이 됩니다. 세상일이 왜 마음대로 안 되냐면 내 안에 지성으로 된 센 업이 많아서 그래요. 그걸 인정하고 쉬엄쉬엄 풀면서 가야 합니다. 업이 많으면 이번 생에 뜻대로 하기가 힘들어요. 부딪침이 많아요. 그것을 알고 해야 힘이 덜 듭니다. 전생에 내 업으로 휘두르고 주변을 무찌르고 했을 테니, 그 때문에 이번 생에는 원하는 만큼 돈과 명예가 안

주어집니다. 관찰해서 그걸 본 사람들은 왜 돈과 명예를 얻지 못하는지 인정하게 됩니다.

마음에 그렇게 저장되어 있습니다. 마음이 외부와 통해 있어 내 마음을 내려놓으면 소통의 길이 열립니다. 지성을 내려놓는 만큼 외부 물질계와 소통할 수 있어요. 내 마음의 단단함이 없어지면 물질계는 유연해져요.

화난 상태로 계속 있는 것도 지성이에요. 계속 화가 난다면 얼마나 힘들겠어요. 화나게 하는 내 관념을 바꾸면 되는데 관념을 못 내려놓으니 벌서는 거나 마찬가지입니다. 미워하고 싶지 않아도 내 마음이 계속 미운데 어떡하겠어요. 이러한 것은 감정의 지성, 욕심의 지성 때문입니다. 갖고 싶은데 못 가지면 괴롭잖아요. 안 되는 걸 억지로 끌어당기며 얼마나 노력합니까. 옛 어른들이 돈은 잡아당기는 게 아니라 들어오는 거라고 합니다. 사실이 그렇습니다.

우주에는 정신의 현상계가 있습니다. 거기서는 정신으로 소통합니다. 몸 없이 정신으로 소통하면 공기 입자처럼 자유롭지요. 정신계, 천계 같은 경우가 그렇습니다. 물질계로만 따지면 제일 센 게 지옥계예요. 마음을 봤더니 지옥이 90퍼센트예요. 지옥은 스스로는 센 업을 파괴하지 못하니 나를 괴롭히는 외부 경계를 만날 수밖에 없어요. 대상 때문에 삶에서 지옥을 맛보는 것이지요. 힘들다고 느끼는 건 지옥의 내 마음과 연결되어 있기 때문이에요. 그걸 알면 억울할 것 없어요. 그러면 현실에서 마음을 더 붙이지는 않습니다. 업을 더 쌓지는 않는 거지요.

우리 마음에는 지옥부터 천계까지 다 들어 있습니다. 6도六道에 성문, 보살, 독각, 연각, 불, 이런 식으로 10계+界를 들어 설명합니다. 6도는 천, 수라, 인간, 축생, 아귀, 지옥의 세계입니다. 천은 생각으로 비유하면 절대적으로 긍정적인 생각을 의미하고, 수라는 이기려는 생각을 의미하며, 인간은 비교하는 생각을 의미하지요. 축생은 본능적 생각을, 아귀는 만족하지 못하는 불만의 생각을 많이 하는 세계입니다. 지옥은 모든 것을 부정하고 거부하며 자기중심적인 생각만 일삼는 것입니다.

우리 마음은 6도에 네 개를 더해 10계를 갖고 있습니다. 사람으로 태어난 존재는 모두 지옥의 마음을 가지고 있습니다. 부처님 마음 안에도 지옥부터 불佛까지 다 있습니다. 그러니 중생의 마음을 아는 것이지요. 부처님 마음속으로 중생의 마음이 들어오니 아는 것이지요. 교류하기 때문에 그렇습니다. 다만 부처님 마음에는 불의 마음이 제일 많아요.

손톱, 발톱, 머리카락, 때, 뼈, 해골, 힘줄 같은 것을 관찰하면 지성이 많이 보입니다. 근육에도 기름진 살에도 지성이 많습니다. 기름은 고이면 굳잖아요. 장기에도 지성이 많습니다. 간에 지성이 많아지면 무거워져 다른 장기가 끌려다닙니다. 위장에도 지성이 많이 들어갑니다. 위장에 음식이 많이 들어가니 무겁잖아요. 게다가 위장 속 마음은 음식에 대한 집착이 있고 집수하는 힘도 셉니다. 위장이 막 잡아당기면 다른 장기가 움직일 수 없어요. 과식하면 위장이 무거워 졸린 이유가 그것입니다. 저절로 눕게 되지요. 위장의 단단한 집착의 마음이 풀어지면 다른 것도 원활해집니다. 다른 것도 자동으로 편안하게 돌아가게 됩니다.

장기를 관찰하면 자신의 어느 장기에 지성이 강한지 알 수 있습니다. 심장이 감정을 관장하잖아요. 심장이 강렬해서 감정이 활화산처럼 끓으면 열이 위로 올라가 위장으로 열이 안 갑니다. 위가 차가워지니 소화를 못 시키지요. 마음이 일으키는 작용이라 병원에서 검사해도 원인까지는 안 나옵니다.

심장이 차가워 열을 안 내는 사람도 있어요. 그런 사람은 원리원칙대로만 해요. 이웃이 불쌍한 것을 몰라요. "자기가 잘못했는데 뭐.", "네 일은 네가 해야지." 인정사정없습니다. 이 경우는 심장이 차가워 소화가 잘 안됩니다.

감정이 차가워도, 감정이 너무 끓어도 지성을 만들어요. 외면하는 것, 냉정한 것도 다 지성이에요. 열정도 집착도 지성입니다. 그래서 지성을 보는 게 중요합니다. 내 마음의 지성을 풀고 비워야 대상의 마음을 알 수 있는 거지요. 내 마음에 욕구가 가득해 대상을 수용하지 않아서 대상의 마음을 알지 못합니다. 맨날 대상만 탓하고 자신은 수용을 안 합니다. 수많은 대상과 교류하며 마음을 알려면 나를 내려놔야 합니다. 그 사람 문제가 아니라 내 마음이, 내 지성이 그 사람한테 영향을 주는 것입니다.

外地界其事云何 謂瓦木塊礫樹石山巖 如是等類 名外地界

"외지계의 현상은 어떠한가? 기와, 흙덩이와 자갈, 나무와 돌, 산과 바위 같은 종류를 외지계라고 한다."

『유가사지론』 논서를 만들 당시 바깥에 있는 외지계의 종류가 많지 않았던 것 같습니다. 산, 바위, 흙이 대표적입니다. 흙으로 기와도 만들고 벽돌도 만듭니다. 흙도 다양한 흙이 있고, 땅도 다양한 땅이 있어요. 땅에서 외지계를 가장 많이 발견할 수 있습니다. 금은이나 보석 종류 같은 금속을 외지계로 설정한 경전이 많은데, 『유가사지론』에는 이것에 대한 언급이 없습니다.

나무도 지성입니다. 움직이지 않고 변화하지 않고 수천 년도 가잖아요. 그렇게 단단하니 나무로 건축도 하고 불상도 만듭니다. 썩지 말고 더 단단하게 유지되라고 나무를 물에 넣었다 뺐다, 소금물에 넣었다 뺐다 하면서 숙성시켜 목불을 만듭니다.

❷ 수계

지계가 풀리면 융통성이 생깁니다. 마음에 융통성이 생기고 돌려 생각할 줄도 알게 돼요. 그러면 수계를 회복했다고 볼 수 있습니다. '이렇게도 생각할 수 있구나' 합니다. 생각이 유독 많은 사람들이 있습니다. 그런 사람에게는 '상혹想惑'이라는 게 있다고 해요. 마음에 생각이란 혹이 붙어 번뇌가 되고 업장이 된다고요. 마음에 단단함이 많으면 틀에 박힌 생각밖에 못합니다. 그게 상혹입니다. 무너지면 융통성이 생깁니다. 융통성은 수계의 특성입니다.

云何水界 水界有二 一內二外 內水界者 謂此身中內別濕性 濕潤所攝水水所攝 親附執受

"무엇을 수계라 하는가? 수계에는 두 가지가 있으니 첫째는 내이며, 둘째는 외이다. 내수계는 몸 안에 있는 축축한 성품이며, 축축한 성품에 포함될 수 있는 물이며, 물에 포함되어 있고 가까이 붙어 집수하는 것이다."

지성에 집착하고 잡아당기는 집수하는 성질이 있는데 수성에도 그런 성질이 있어요. 집착, 집수하니까 일부만 흘러나오고 고여 있어요. 안 그러면 다 흘러나와 흩어져요. 수성도 마음이 잡아당기니 다 흘러나오지 않는 것입니다. 죽어 가는 사람들에게는 표징이 있다고 해요. 똥이든 오줌이든 쏟아져 나오는 게 표징이라고 해요. 죽을 때가 되면 잡아당기는 마음이 엷어져 다 열리거든요.

요가에서는 호흡을 멈추면서 괄약근 조이는 수련을 해요. 몸을 건강하게 해야 하니 잡아당기는 것이지요. 불교는 열리든 닫히든 그냥 그대로 인정합니다. 항문이 열리면 열리는 대로, 닫히면 닫히는 대로 그 상황에서의 내 마음을 봐요. 수행법으로 말하면 마음 관찰이지요. 이렇게 수계도 잡아당겨야 수성을 유지할 수 있어요. 당기지 않으면 술술 흩어져요. 긴장되어 있으면 땀도 안 나요. 땀도 흘리고 눈물도 흘리고 소통하는 게 좋아요. 수기는 소통, 융통하고 관련 있습니다.

사람마다 먹는 것도 달라요. 지계를 많이 먹는 사람이 있고, 수계를 많이 먹는 사람이 있고, 화계를 많이 먹는 사람이 있어요. 음식은 대부분 지수화地水火 성품을 지니고 있어요. 그리고 공성도 있어요. 음식의 밀도는 100퍼센트가 아니니까요. 음식이 우리 몸에 들어가 몸의 지수화풍공을 만들고 거기에 마음이 작용하지요. 신맛은 간장으로 움직이고 쓴맛은 신장으로 움직이고 단맛은 위장과 비장으로 움직이고 매운맛은 신장으로 움직여요. 먹는 것에는 풍의 요소도 있어요. 음식 고유의 움직임이 있어요. 단단한 마음이 작용하면 몸에 음식의 지수화풍공이 들어가서 단단한 성품을 만드는 데 영향을 줍니다.

우리 몸의 70퍼센트가 수계이기 때문에 마음이 수계를 회복하면 좋아요. 물론 수계가 너무 많으면 감당을 못해요. 폭우가 감당이 안 되는 것과 같은 이치예요. 폭우로 지계가 수계로 바뀌면 흙탕물이 됩니다. 당황스럽지요. 어떨 때는 지계로 있는 게 나아요. 지계는 고정되어 있으니 그 상태를 유지하거든요. 그러나 지계는 결국은 극복해야 할 마음이에요. 우리는 맑은 물을 찾는 수행을 하는 것입니다. 눌러 놓았던 지계가 수계로 바뀌면 마음 속 흑업은 흙탕물처럼 거칠게 나옵니다. 눌러놓았던 성격이 튀어나와요. 눌러놓았던 감정이 드러나기도 하지요. 수행의 과정에서 그럴 수가 있어요. 그래도 자기가 그렇다는 것을 알아차리면 덜 할 수는 있어요. 감정은 계속 관찰하면 사라집니다.

수행하는 사람은 '아, 눌러놓았던 내 거친 마음이 나오는구나' 하고 알아차려요. 옛날에는 참았는데 수행해서 거친 수계가 되면 거친 말이 그냥 나와요. 수계로 변화하는 과정이 눌린 마음을 풀어 주기 때문이지요. 수계 중에도 열을 뿜는 수계가 있고, 냉담하고 찬 수계가 있어요. 물도 뜨거운 물이 있고 찬물이 있잖아요. 감정은 수성입니다. 뜨거운 물을 주면 먹을 수가 없듯이 센 감정을 뿜으면 받아들이기 힘들어요. 물질은 떼면 그만이지만, 감정으로 만나면 더 깊은 상처를 입어요. 그래서 자기 감정을 잘 보는 것이 수성 수행에서는 중요합니다.

딱딱한 것은 물을 만나면 무너져 내려요. 그래서 지성이 싫어하는 게 물이에요. 그렇지만 지성의 분포가 많으면 오히려 물을 좋아하기도 해요. 딱딱한 데 물이 들어가면 약간 풀리거든요. 융통성이 생겨요. 지성이 많은 사람은 바람도 싫어해요. 바람을 만나면 부서지고 흩어지거든요. 고정되거나 가리는 것을 무너뜨리기 때문에 풍성도 지성의 마음이 많은 사람에겐 상극이에요.

수성은 감정하고 비슷해요. 지성은 물질이나 몸의 껍데기층하고 비슷하고요. 지성이 풀어지면 감정이 드러나요. 물이 들어가면 딱딱한 관념이 녹아 버려요. 그러니 목욕하면 냉기나 열기가 나오기도 하고, 감정이 일어나기도 하고, 잠이 옵니다. 긴장했을 때는 잠도 안 오잖아요. 생각이 많아도 잠이 안 와요. 두려움이 있어도 잠이 안 옵니다. 약간 늘어져야 잠이 옵니다. 목욕이 마음을 늘어지게 해요. 그래서 명상할 때 목욕하면 좋아요. 긴장이 풀어져야 관찰이 잘돼요. 딱딱하면 마음이 잘 안 보여요. 딱딱함만 보여요. 딱딱함 자체를 아는 것도 중요하지만 더 들어가 지혜의 빛을 여는 게 수행이잖아요. 그래서 수행할 때 목욕이 도움이 돼요.

대신 목욕을 오래 해 너무 풀어지면 무거워져요. 마음이 그대로 드러나서 그래요.

其事云何 謂淚汗洟唾 肪膏脂髓 熱痰膿血 腦膜尿
等 名內水界

"수계의 현상은 어떠한가? 몸 안의 눈물과 땀, 콧물과 침, 기
름진 살, 기름진 골수, 열담, 고름과 피, 뇌막과 오줌들을 말하
며 내수계라고 한다."

골수, 눈물, 땀, 콧물, 침, 기름진 살 속에 수계가 많아요. 물을 쏙
빼면 건조해지잖아요. 골수는 뼛속에 흘러 다니는 물기거든요. 피,
오줌, 고름 속에도 수계가 많아요.

몸에 물기가 줄어들면 병이 납니다. 뻑뻑해져 고정된 관념이 드
러나서 고집이 세지기도 하고요. 갱년기가 되면 호르몬이 안 나
와 수기가 줄어들어요. 그럴 때 대표적으로 나타나는 증상이 가
려움증입니다. 성기가 많이 가려워지기도 해요. 업이 많은 입이
가려워야 하는데, 입은 침이 있어 가려움이 잘 안 드러나요. 수기
를 발견하기 좋은 곳이 입안이에요. 침 관찰이지요. 땀도 수 관찰
의 대표적인 요소입니다.

감정이 나올 때 눈물을 흘리는 사람이 많아요. 울면 편안해져요.

울지 않는 것보다 우는 게 나아요. 기쁨도 슬픔도 눈물을 타고 나와요. 어떤 때는 눈물도 지성처럼 느껴져요. 물이 그렇습니다. 맑은 물인데, 마음에 따라 다르게 느껴져요. 어떤 사람이 목욕 명상을 하는데, 어느 날은 물이 젤리 같았다고 해요. 내 마음이 투영되어 물이 젤리처럼 느껴지는 거예요. 같은 사물을 보고 다 똑같이 느끼지는 않아요. 사람마다 다르게 봐요. 수행을 하면 저 사람이 그렇게 볼 수 있다는 게 점점 인정이 됩니다. 사람들이 모두 나처럼 생각한다고 믿는데, 아닙니다.

침이나 땀을 관찰하면 감정적인 게 많이 나오는 것을 느낄 수 있어요. 운동하면 땀을 많이 흘리잖아요. 그것도 감정이에요. 여름에도 땀이 안 나오는 사람은 어디가 막혀 있을 가능성이 큽니다. 땀이 상체로는 나오는데, 하체로는 잘 안 나오는 사람이 있어요. 남자들은 위로도 아래로도 땀이 잘 나와요. 여자들은 하체 쪽으로 땀이 잘 안 나옵니다. 하체 쪽으로 금기가 많아서 그래요. 성에 대한 관념이 많아서일 거예요. 수기가 그런 것과 관련이 많아요. 수계 관찰은 그런 것을 관찰합니다.

기름진 살에는 단단하고 융통성 없고 거친 수성이 들어 있어요. 열이 나면서 나오는 가래, 열담도 거친 수성입니다. 고름도, 피도 수성이에요. 피에는 에너지, 영양분 등이 많아요. 에너지나 영양분이 너무 많으면, 피가 뭉치기도 하지요. 피는 6도의 마음 중에서 수라하고 관계가 깊어요. 수라의 특징은 위로 오르려 하는 것입니다. 수라의 마음은 아랫사람은 건드리지 않아요. 아귀하고 수라의 차이가 그거예요. 아귀의 마음은 저보다 못하거나 허술하게 보이는 데 가서 뜯어먹고 괴롭혀요. 먹을 거 조금 줘도 아부하고 껄떡거려요. 강한 사람은 안 건드려요. 수라는 저보다 잘나고 뛰어난 것을 치받아요. 수라의 마음이 옆에 있으면 윗사람이 힘들어요. 쉬지를 못합니다. 그 센 에너지가 피하고 많이 관련되어 있어요. 수라가 천상하고 늘 싸우는 이유가 그래서예요. 윤회하는 도상에서는 천상도 공격받을 수 있어요. 천상이라고 늘 행복한 건 아니에요. 걸림 없이 늘 행복한 곳은 해탈계입니다.

우리의 마음은 뭔가에 걸려 올라갔다 내려갔다 매일 6도를 윤회해요. 아침에는 돼지가 되었다 점심에는 수라가 되었다 저녁에는 천사가 되기도 하잖아요. 화가 나면 피가 끓는다고 하는데, 수라 기운이 센 사람들은 실제로 관찰하다 그런 영상을 보기도 합니다. 위빠사나하면 피가 거꾸로 솟고 끓으며 어떤 마음을 만드는지 알게 돼요.

수행하면 오줌에 거품 같은 것도 나오고 요단백이 나오기도 해요. 수행해서 나오는 똥오줌의 현상은 어떤 경우는 카르마를 배출하는 거예요. 빨갛게, 까맣게 나오기도 해요. 심장과 간에서 센 기운들이 빠져나올 때 까맣게 나와요. 관찰로 뭉친 것이 풀리며 나오는 것들입니다. 이런 현상은 그 단계가 지나고 나면 사라집니다. 마음에서 뭔가 떨어져 나가 달라진 것을 느낄 수 있습니다.

자연에도 물이 많아요. 물은 산소도 많이 갖고 있어요. 물을 생명의 근원이라고 하잖아요. 그래서 사람을 살릴 때 물부터 먹여요. 기운이 너무 없을 때 지성부터 먹이면 안 돼요. 물부터 먹어야해요. 수성을 먹고 기운이 회복되면 차차 지성을 먹어야지요. 단식하고 나서도 멀건 미음부터 먹어요.

술은 액체지만 화성의 지성이 많이 포함돼 있어요. 칼로리가 높고 에너지의 강도도 셉니다. 센 술은 불이 붙잖아요. 러시아 같은 나라는 추우니까 몸에 냉기가 많이 들어가요. 몸에 냉기가 많으니 보드카 같은 독한 술이 들어가 열을 내 주면 도움이 됩니다. 추운 데 사는 사람들은 센 술을 먹어도 상관이 없어요. 위장이 냉하니 뜨거운 게 들어가면 확 풀어지거든요. 그런 술을 더운 나라 사람이 많이 먹으면 문제가 생기는 거지요.

外水界者　謂外濕性　濕潤所攝水水所攝　非親附非
執受

"외수계는 밖의 축축한 성품이며, 습윤에 포함될 수 있는 물이며, 물에 포함되어 있지만 가까이 붙어 있지 않고 집수하지 않는 것이다."

바깥의 수계는 그냥 사용하고 수용할 뿐이에요. 내수계는 마음이 몸을 집착(집수)하니 붙어 있지만 바깥의 외수계는 붙어 있지 않아요. 집수하지 않습니다. 잡아당긴다고 바가지의 물이 나한테 확 들어오지 않잖아요. 분리되어 있어 영향을 줄 뿐이지요. 물은 바라만 봐도 마음에 좋은 영향을 줍니다.

몸 안의 수계는 정식 통로를 통해 배출해도 다 배출되지는 않아요. 죽어야 다 떨어져 나가 풀어져요. 바깥의 수계는 나와 분리되어 있어 집착이 덜하지요. 내가 물속에 있다고 해서 물이 내가 되는 건 아닙니다. 마시면 몸을 따라 흐르다가 나가요. 이건 지성도 마찬가지예요. 내가 땅 위를 많이 걷는다고 땅이 내가 되는 건 아니잖아요. 땅은 나한테 지성을 알아차리는 것을 도와줄 뿐입니다. 걸으면서 관찰하면 '어디가 뭉쳐 있네' 하고 땅이 알려 줘요.

물의 수기를 관찰하다가 밀착되는 느낌을 감지할 때가 있어요. 찬물에 발을 넣었는데 발이 물의 찬 기운에 강하게 밀착되어 발과 물이 구분이 안 될 때가 있어요. 차가운 물기가 내 발의 지기를 알려 주는 거예요. 수기의 센 기운은 지기로 연결되거든요. 밀착, 당김, 집착은 다 지성이에요. 녹는 것, 용해되는 것도 지성이에요. 퍼지는 것과 녹는 것은 비슷하면서도 달라요. 수증기처럼 퍼지는 건 해체되는 거예요. 수증기가 많으면 축축하잖아요.

축축함이 수성의 대표적인 특징입니다. 미끌미끌한 습윤성도 수성의 특성이지요. 한자로 潤매끄러울윤 자를 써요. 침을 관찰하면 축축하고 끈적하고 미끌미끌한 것이 느껴져요. 눈물도 좀 묽을 뿐 침과 마찬가지고요.

수성은 성격과도 연결돼요. 미끄러움이 마음에 너무 많으면 뺀질거리는 성격이 될 수 있어요. 일할 때 이리 빼고 저리 빼고 미꾸라지처럼 빠져나가요. 지성이 많아 그럴 수 있는데, 수성이 많아서 그럴 수도 있어요. 수성이 단점으로 발휘되면 그럴 수 있어요. 잘 안 잡힙니다. 한번 관찰해 보세요.

미끄덩 자체에 지성이 떨어지면 축축함과 미끄덩만 관찰돼요. 내 몸이 미끄덩하다고 느껴지지 않고 미끄덩 그 자체만 느껴져요. 축축함만 관찰되면 지성의 업력은 사라진 상태지요. 순수한 수성 그 자체예요. 지성도 수성도 관찰해 들어가면 다른 것이 많이 포함되어 있음을 알게 됩니다. 정수기는 이것저것 다 빼고 100퍼센트 순수한 물H2O을 만들어요. 맛이 없지요. 순도가 높은 게 다 좋은 건 아니에요. 자연은 섞이면서 교류해 풍부해지거든요. 정수기를 쓰면 이물질을 다 빼니 물맛이 없어요. 맛이 없으니 다시 맛 필터를 설치해서 맛을 더하기도 합니다.

其事云何 謂井泉池沼陂湖河海 如是等類 名外水界

"외수계의 현상은 어떠한가? 우물과 샘, 못, 호수, 강, 바다 같은 종류를 외수계라고 한다."

폭포, 비도 외수계예요. 이 글을 쓴 인도 사람들은 하얀 눈을 경험하지 못한 것 같아요. 외수계에 눈이나 얼음이 들어 있지 않아요. 이슬, 안개도 외수계입니다. 수계는 지계보다 자연 명상에 활용할 게 더 많아요. 물을 먹거나 보거나 물소리를 듣거나 물속에 들어가 물을 만질 수도 있어요. 바깥에 있는 수계를 많이 이용할 수 있어요. 내수계를 관찰하고 외수계와 결합하면 좋습니다.

외수계를 관찰하면 감정이 많이 일어날 수 있어요. 자연의 외수계가 나에게 영향을 주지만 감정은 내 안에서 일어나는 거예요. 파도를 보세요. 비바람 몰아칠 때 파도가 굉장합니다. 태풍 칠 때 바람이 세고 소리도 요란하고 금방이라도 파도가 덮칠 것 같잖아요. 그런 걸 보고 있자면 불안 두려움이나 슬픔, 어떤 경우는 기쁨이 크게 일어나기도 해요. 태풍은 물이면서 바람이에요. 지성, 수성, 풍성 다 가지고 있어요.

❸ 화계

云何火界 火界有二 一內二外 內火界者 謂此身中內
別溫性 溫熱所攝煖煖所攝 親附執受

"무엇을 화계라 하는가? 화계에는 두 가지가 있으니 첫째는
내요, 둘째는 외이다. 내화계란 몸속에 각각 있는 따뜻한 성품
을 말한다. 따뜻한 열에 포함되는 것이며 따뜻함에 포함되어
가까이 붙어 있고 집수하는 것이다."

사람은 항온 동물이에요. 살아 있는 사람은 몸이 늘 따뜻해요.
따뜻한 성품은 배 속에도, 심장에도, 입안에도 있어요. 따뜻한 성
품이 골고루 퍼져 있으면 건강해요. 골고루 퍼져 있는 게 좋은데,
한쪽에서 따뜻함을 너무 잡아당기면 한쪽은 냉기가 많아져요. 우
리는 분별하기 때문에 몸이 균등하지 않아요. 어떤 사람은 좋고
어떤 사람은 싫어요. 어떤 음식은 좋고 어떤 음식은 싫어요. 싫은
것은 냉기가 되고 좋은 것은 열기가 돼요. 싫은 것은 마이너스가
되고 좋은 것은 플러스가 돼요.

몸의 균형이 안 맞으면 문제가 생겨요. 위빠사나는 몸의 균형을
맞춰, 뭉치고 치우친 것을 찾아 알아차리고 풀어지게 합니다. 뭉

쳤던 게 풀어지면서 엄청난 통증이 일어나기도 해요. 몸속 뭉친 것과 치우친 것이 없어질 때는 통증이 따라와요. 강하게 뭉쳐 있다 강하게 떨어져 나가는 그곳을 보라고, 그것을 인식하라고 알려 주는 것이 통증이에요. 그래서 몸 관찰 위빠사나는 통증이 있는 곳을 잘 보는 것이기도 합니다.

관찰을 시작할 때 몸을 스캔scan하는 이유도 그래서예요. 보디 스캔body scan은 몸 전체를 의식으로 살펴보는데, 몸의 어느 부분부터 관찰을 시작해야 하는지 알려 줘요. 몸 곳곳을 찬찬히 스캔하다 도드라져 걸리는 곳이 있으면 거기에 지계가 뭉쳐 있다고 보면 됩니다. 거친 수계나 화계가 뭉쳐 있을 수도 있어요. 그게 건드려지면 열나고 땀나고 아프면서 풀려나옵니다. 춥기도 해요.

화계가 없으면 사람이 살 수 없어요. 생명의 근원은 물이지만, 그 생명을 키우는 건 태양이거든요. 태양이 없으면 성장이 멈춰요. 음식이 들어가도 위장에 화성이 없으면 소화가 안 됩니다. 밥 먹을 때 화나게 하면 안 되는 이유가 그거예요. 부모들이 밥 먹을 때 주로 야단을 치잖아요. 체하기 쉽습니다. 긴장이 돼도 열기가 한군데로 확 뭉쳐요. 열기가 넓게 소통해야 소화가 되는데 뭉치니 소화가 안 되지요.

병은 거의 냉기 때문이에요. 암 환자들은 체온 1도를 올리는 것이 그렇게 어렵다고 해요. 한방에서는 온열 치료를 하고 막히는 곳을 뜸, 침으로 뚫어 줘요. 뜸 치료를 해서 기혈이 소통하게 하고 침을 놓으면서 훈증을 하면 따뜻해져요. 한약은 대부분 약초를 끓여 짜 먹잖아요. 다려서 탕으로 마시면 흡수가 빨라 효과가 좋아요. 따뜻하게 먹으니 화기로써 소통을 빠르게 할 거고요. 냉기가 많은 사람은 끓여 먹는 걸 좋아합니다. 생식보다 화식을 좋아합니다.

화기는 소통을 원활하게 합니다. 몸 안에서 에너지가 뭉치면 문제가 생겨요. 에너지가 많은 사람이 에너지를 쓰면 문제가 없어요. 에너지는 많은데 안 써서 문제가 돼요. 어떤 사람은 늘 힘이 없다고 해요. 힘이 많은데 뭉쳐 있어 힘이 없는 것으로 오해할 가능성이 높습니다. 몸 안에 힘을 묶어 놓으니 힘들 수밖에 없지요. 힘이 한군데 뭉쳐 있으니 힘의 균형이 안 맞아요. 거친 에너지, 파괴 에너지, 자아로 뭉쳐 있는 에너지는 거의 지성 에너지가 돼 버려요. 적절하게 소통하지 못하는 것들이 지성으로 되는 거예요.

마음의 영역이 넓으면 물질을 소통해서 물질을 넓게 활용해요. 물질을 쌓아 놓으면 관리만 힘들어요. 계산하고 손익을 판단해 그냥 갖고 있으니 물질이 산같이 쌓입니다. 소통하지 않는 물질은 유연성을 잃어요. 물질이 소통할 때 지성이 수성이 되고 화성이 되고 풍성이 되고 공성이 될 수 있어요. 소통하는 물질이 좋지, 물질 많은 게 좋지는 않아요.

물질 속에서 바라보아야 진정한 공성이 되는 것이지, 물질을 덧

없다고 무시하면 진정한 공성을 외면하는 것입니다. 그래서 물질 그 자리에서 공성을 보는 것이 중요해요. 물질과 공성을 같이 봐야 편협해지지 않아요. 지혜는 있음과 없음을 같이 보는 것이기 때문이지요. 물질과 소통하는 사람이 지혜도 잘 드러나요.

그러나 물질을 대표하는 지성이 너무 많으면 수성을 관찰해도 지성으로 딸려 가요. 몸을 갖고 있는 한 우리는 지성을 벗어날 수 없어요. 한평생 몸이라는 지성을 갖고 살아야 합니다. 죽을 때에야 지성이 무너져요. 그때 미련 없이 버리면 됩니다. 우리가 몸을 잘 쓰고 가야 몸이 지수화풍으로 흩어질 때 생명을 살릴 수 있는 조건이 돼요. 우리는 살면서 많은 것을 먹고 소비하고 산천경개를 괴롭히고 더럽히면서 몸이라는 지성을 유지합니다. 죽을 때라도 자연으로 깨끗하게 되돌려 놓아야지요. 한 사람의 인식이라도 달라지면 빛이 될 수 있어요. 빛이 되어 세상을 비출 수 있어요. 그래서 명상 수행이 필요합니다.

지수화풍을 관찰할 때는 대상 속에서도 관찰해야 해요. 밖의 것이 내가 되고 내가 바깥을 만드니 내외로 관찰하는 거예요. 바깥 것 중에 자기화되지 않는 것은 없어요. 어리석은 사람들은 남이 나와 무슨 상관이냐고 합니다. 어떻게 상관이 없습니까. 공기도 나와 상관하고 자연도 나와 상관하고 부모도 친구도 상관하잖아요.

수많은 것이 모여 내가 살아가요. 외부의 도움을 받지 않으면 한

순간도 살 수 없어요. 나 혼자 이루는 게 얼마나 있습니까. 옆 사람이 도와줘서 이루잖아요. 먹지 않으면 살 수 없는데 내가 농사지은 음식은 하나도 없어요. 입지 않으면 살 수 없는데 내가 만든 옷은 하나도 없잖아요. 알고 보면 내가 한 것, 내 것은 없어요. 그 순간 그 인연과 뭉친 것을 내 것이라고 생각할 뿐이지요. 어리석은 사람은 '내 거야. 내가 노력해서 된 거야' 생각합니다. 물론 내가 노력했지요. 그런데 노력해도 외부의 도움이 없으면 이룰 수가 없어요. 바깥의 나무도 지수화풍공식이 나와 결합한다, 자기들끼리 결합한다 하면서 서 있거든요. 나무가 우두커니 하는 마음이 많아 우두커니 서 있다고 해서 나와 상관없는 것은 아니지요.

其事云何 謂於身中所有溫煖 能令身熱等熱遍熱 由是因緣所食所飮所噉所嘗易正消變 彼增盛故墮蒸熱數 如是等類名內火界

"화계의 현상은 어떠한가? 몸속에 있는 따뜻함인데 몸을 골고루 열나게 하고 두루두루 열나게 한다. 이와 같은 인연 때문에 먹는 것, 마시는 것, 씹는 것, 맛보는 것이 쉽게 바로 소화되는 것이다. 따뜻함이 증가해 열기가 증발하면서 뜨거워지는 것이다. 이런 것들을 내화계라고 한다.

온난은 몸속에 있는 따뜻한 성품입니다. 따뜻할 온(溫), 따뜻한 난(煖)자를 써요. 온열이라는 것은 열성을 의미하지요. 몸속에 지니고 있는 화성은 몸속 체온을 유지하는 핵심 성품입니다. 추위를 많이 타는 사람은 화성에 집착할 수밖에 없어요. 외로운 사람은 따뜻함에 집착할 수밖에 없어요.

화계는 몸을 두루 덥히고 균형을 갖게 해요. 그래서 화의 기운은 먹고 마시고 씹고 맛보는 소화를 돕는 거지요. 화계가 있어야 소화가 되는데, 대부분의 사람들은 균형이 깨져 있어요. 장이 차가우면 기름기가 끼고 기름기가 굳어요. 기름기가 끼고 에너지가 많이 붙으면 지성이 되거든요. 스트레스가 냉기이고 지성이에요. 스트레스가 많으면 굳어져서 배출이 안 됩니다. 화계는 밑에 있는 단단한 지성을 달궈 증발시키고 흔드는 작용을 해요. 뜨거워져 활발하게 되면 증발하기도 합니다. 화기가 수기하고 결합해 증발이 되지요. 이런 종류를 내화계라고 해요. 가스가 차서 부글부글할 때 무슨 성질이 작용합니까. 화성도 있고 풍성도 있고 수성도 있고 지성도 있어요. 배가 부글부글 끓을 때 잘 보세요. 무슨 성품이 모여서 그렇게 하는가를요.

外火界者　謂外溫性　溫熱所攝煖煖所攝　非親附非執受

"외화계는 밖의 온난성을 말한다. 온열에 포함되는 것이며 따뜻함에 포함되는 것이지만 친하게 붙어 있지 않고 집수하지 않는 것이다."

외화계는 따뜻함을 주는 자연 속 태양과 같은 존재를 의미합니다. 늘 우리에게 따뜻한 기운을 주지만 우리 마음과 객관화되어 떨어져 있습니다. 그저 영향을 주지 나를 집착하지는 않습니다. 따뜻함을 대가 없이 줄 뿐이지요.

其事云何 謂於人間依鑽燧等牛糞末等以求其火 火既生已能燒牛糞 或草或薪或榛或野或山或渚 或村村分或城城分或國國分 或復所餘如是等類名外火界

"외화계의 현상이 어떠한가? 인간이 부싯돌을 비벼서 소똥 한군데 불을 지핀다. 불이 생기고 나면 소똥을 태울 수 있다거나 잡초, 풀숲, 덤불, 들판, 산, 물가 혹은 마을, 성읍, 국가들에 퍼져나가며 활용도가 높아진다. 혹은 다시 남은 이와 같은 종류를 외화계라고 한다."

바깥의 열은 나에게 집착하지 않아요. 그냥 골고루 나눠 줄 뿐이에요. 모닥불이 "A가 이쁘니 쟤한테 가야지." 하면서 붙지 않아요. 찬수라는 단어가 나오는데, 나무나 돌에 송곳 같은 것을 비벼서 불을 얻는 거예요. 『유가사지론』은 인도에서 나온 책이잖아요. 인도에서는 돌과 소똥으로 불을 피웠거든요. 불을 만들기 위하여 소똥을 적극적으로 활용해요. 풀이나 나무, 덤불을 태우는 작은 불이 산, 섬, 마을, 성이나 나라를 태우는 불로 커지기도 합니다. 그 범위가 엄청나게 거대해집니다. 이런 종류를 외화계라고 해요. 지성을 동반한 바람은 산불이나 들불의 확산을 도와요. 대규모 화재는 건조한 기후와 관련이 됩니다.

『유가사지론』의 내용을 보면 인간이 만들 수 있는 화계를 말하지 자연에 있는 태양과 같은 화계를 말하지는 않아요. 하지만 외부에 있는 화계의 대표적인 것이 태양이라고 할 수 있습니다. 화산의 마음도 화계입니다. 지성이 강한 에너지로 있다가 누를 수 없을 때 수성으로 화성으로 풍성으로 터져 나오는 것이 화산입니다. 우리 마음과 똑같아요. 강한 에너지가 나오는 것이 활화산이고, 그걸 품고 있는 것을 지진계라고 합니다. 어쨌든 화산이 터져 나오는 곳은 열에너지가 많아 농사가 잘됩니다. 화산 안에 힘이 있다 터진 거라서 재에도 에너지가 많아 흙이 까매요. 화산재가 기름져요. 열에너지를 많이 받은 곳은 농사가 잘되지요. 화산 지형 어디나 그래요.

몸속에 있는 화성을 장기 중심으로 하나하나 돌아가며 관찰하는 것도 화성 관찰의 좋은 방법입니다. 심장은 원래 열이 있는 장기예요. 활동 에너지를 갖고 있어요. 심장에 열이 많은 사람은 활동을 많이 하는 게 좋은데, 게으르면 문제가 생겨요. 소화에도 열은 필요하지만 적당히 있는 것이 좋아요. 위장에 열이 너무 많아도 좋은 건 아니에요. 장에 열이 많으면 변비가 생겨요. 물질을 끌어당기는 힘이 너무 세도 변비가 생겨요.

물질을 받아 몸으로 태어난 이상 우리 몸속 지수화풍공식이 균형을 이루는 게 가장 좋습니다. 장기 하나가 너무 강하면 나머지 장기는 활성화되지 못해요. 지수화풍공식이 골고루 제 역할을 하면 몸이 유연해지고 뭉친 것이 풀려 힘이 생깁니다. 관찰을 계속하면 장기에 뭉친 게 풀려 편안해집니다. 편안해지면 별 반응이 없어요. 나중에는 몸이 아닌 마음만 관찰됩니다.

아프면 병원에도 가야겠지만 자기 마음도 잘 보세요. 몸만 문제가 아닙니다. 마음이 몸과 결합해서 나타난 것이 병일 수 있습니다. 마음은 안 고치고 몸만 고치려고 하면 낫지 않을 수 있어요. 마음이 같이 풀어져야 합니다. 피곤하다고 누워만 있으면 피곤이 안 풀려요. 마음을 먼저 보고 몸에 적당한 처치를 하는 게 좋습니다. 우리는 흔히 마음은 안 보고 건강 상태만 확인해요. 건강 염려증으로 몸 중심 사고를 밀어붙입니다. 잘 먹어야 건강하다고 생각해 먹을 것만 챙깁니다. 8시간 자야 피곤이 풀린다는 개념을 갖고 있으면, 5시간밖에 안 잤기 때문에 피곤하다고 생각해요. 너무 쉬어도 몸이 굳어집니다. 다른 사람은 일하는데 혼자 쉬면 몸이 굳어지기도 해요. 외면하면 굳어져요. 바깥이 나에게 영향을 주기 때문에 그렇습니다. 햇빛을 오래 못 보면 우울증에 걸려요. 그래서 마음이 굳어 있는 것을 관찰해 알면 처치가 더 적당해져요. 흥분할 때나 화가 폭발할 때 잘 관찰해 보세요. 어떤 마음이 올라오는가, 어떤 마음이 올라와 문제를 만드는지 하나하나 보입니다.

❹ 풍계

云何風界 風界有二 一內二外 內風界者 謂此身中內
別風性 風飄所攝輕性動性 親附執受

"무엇을 풍계라고 하는가? 풍계에는 두 가지가 있으니 첫째는 안이며, 둘째는 밖이다. 내풍계란 몸 안에 있는 갖가지 바람의 성품이며, 바람에 흔들리는 것에 포함되는 가벼운 성품과 흔들리는 성품이며, 가까이 붙어 있고 집수하는 것이다."

풍성에는 움직임, 가벼움이 있어요. 풍성은 기본적으로 가볍습니다. 그러나 센바람은 가볍지 않아요. 지성, 수성과 결합한 풍성은 무겁습니다. 몸에서 뭔가 움직이는 게 느껴집니까? 움직임이 드러나는 것은 풍성의 작용입니다. 몸이 흔들리거나 떨리면 풍성 관찰하기 좋아요. 눈이 바르르 떨리는 것도 풍성이에요. 장이 요동치기도 해요. 미세하게라도 움직이는 걸 찾아서 관찰하세요. 몸속 장기의 움직임도 풍성 관찰에 좋아요. 심장이 쿵쾅거리거나 가슴이 두근거리는 것도 풍성입니다. 맥박도 풍성입니다. 드나드는 숨도 풍성입니다.

풍성은 계속 변화해요. 안과 밖을 보면서 가볍고 움직이는 성품을 보는 것이 풍성 관찰이에요. 잡아당기면 풍성도 내 것이 돼요. 풍성은 흘려보내면 내 마음에 남는 게 없어요. 수성도 왔다가 쓱 지나가요. 비가 왔다 쓱 훑고 지나가요. 그런데 내가 잡으면, 자기화가 됩니다. 잠깐 잡았다 보내도 잡았던 습관, 집착이 남아요. 그게 무시무시합니다.

지성이 얼마나 무겁습니까. 지성을 잡아 물질을 엄청나게 쌓아 놓는 사람은 어리석은 사람입니다. 쓰지도 못하고 지키고만 있기도 해요. 지성이 많으면 무겁고 단단하고 세고 강력해서 옴짝도 못해요. 그걸 모으고 있다 자식들한테 물려주는 사람이 있어요. 그런 돈에는 모은 사람의 집착이 붙어 있어 받아도 부담이 됩니다. 부모가 안 쓰고 안 먹고 한 푼도 남에게 안 주고 절약만 보여 주니 자식도 돈을 어떻게 써야 할지 몰라요. 그러니 엉뚱한 데 날려요. 부자가 3대 가기 어렵다는 이야기가 그래서 나왔어요.

그나마 소통하는 지성은 달라요. 갖고 있어도 내 것이 아니라고 생각해요. 옛날에는 그런 지주들이 많았어요. 내가 지주 역할을 한다고 생각해서 생산물을 나눠 먹어요. 순환하는 지성이고 소통하는 지성이지요.

소통하는 지성으로 바꾸려면 어떻게 해야 할까요. 자신의 지성을 객관적으로 봐야 합니다. 어차피 우리가 몸 받아 이 세상에 올 때는 지성으로 만들어진 걸 어떡하겠습니까. 허위인 지성을 없애는 것도 중요하지만, 소통하는 지성으로 만드는 것이 중요해요.

마음 안에 무수하게 쌓여 있는 물질업, 행위업을 보는 게 명상 수행인데, 물질업이 세니 껍데기층 지성부터 보는 거지요. 그래서 풍성을 보더라도 지수화의 성품을 같이 관찰해야 해요.

其事云何　謂內身中有上行風有下行風　有脇臥風　有脊臥風　有腰間風有臕間風　有小刀風　有大刀風　有針刺風有畢鉢羅風　有入出息風有隨支節風　如是等類名內風界

"풍계의 현상은 어떠한가? 몸 안에는 상행풍과 하행풍이 있으며 협와풍, 척와풍, 요간풍, 곤간풍, 소도풍, 대도풍, 침자풍, 필발라풍, 입출식풍과 수지절풍이 있으니 이와 같은 종류의 바람을 내풍계라고 한다.”

풍성은 방향에 따라 달라요. 상행풍은 위로 올라가는 바람입니다. 기가 위로 올라가면 상행풍이지요. 하행풍은 밑으로 내려가요. 협와풍은 옆구리 사이에 머무르는 바람이에요. 옆구리가 시린 사람은 이 바람을 잘 관찰해 보세요. 척와풍은 등에 부는 바람입니다. 등이 시려요. 요간풍은 허리에 있는 바람. 허리에서 바람이 불어요. 아주 잘 표현했어요. 곤간풍은 다리 관절에 있는 바람이라 관절이 시린 사람은 많이 관찰할 수 있습니다. 무릎 때문에 고생하는 사람들 많잖아요. 다리 관절이 쑤시는 사람, 관절통이 있는 사람은 관절을 보면서 바람을 많이 관찰하세요.

소도풍은 칼날같이 예리한 바람, 대도풍은 큰 칼날 같은 바람입니다. 침자풍은 침으로 찌르는 듯한 바람을 말해요. 바깥에서 부는 바람이 다양하잖아요. 시끄러운 바람이 있고, 태풍이나 미풍이 있고 산들바람이 있어요. 그 바람을 받아서 안을 관찰하면 마음 안으로 더 빨리 들어갈 수 있어요. 수지절풍은 관절 마디마디에 있는 바람입니다. 필발라풍은 모진 바람, 입출식풍은 숨 마시고 내쉴 때 이는 바람이에요. 우리 안에 이렇게 다양한 바람이 있어요. 옛날 사람들은 몸 안의 바람을 이렇게 예민하게 느꼈네요. 이런 종류를 내풍계라고 합니다.

外風界者　謂外風性　風飄所攝輕性動性　非親附非
執受

"외풍계는 밖의 바람의 성품을 말한다. 바람은 나부끼는 것에 포함되는 가벼운 성품과 움직이는 성품이다. 가까이 붙어 있지 않고 집수하지 않는다."

외부에 있는 바람을 외풍계라고 합니다. 외풍계는 바깥에 있는 바람의 성품입니다. 나부끼는 것을 비롯한 가벼운 성품과 움직이는 성품을 포함해요. 우울하다가도 바람이 불면 기분이 좋아집니다. 무거움이 싹 날아가요. 산들바람에 나무 이파리가 살랑살랑 흔들리면 나쁜 기분도 확 빠져나갑니다. 바람은 가벼운 것을 실어 나르고 변화하는 성품을 지니고 있어 자연 명상의 좋은 소재가 될 수 있습니다. 가까운 외부 자연에 나가면 어떠한 바람이라도 만날 수 있어요. 그저 바람 기운을 몸과 마음으로 받아들이면 그 자체가 명상이 될 수 있습니다. 그것만으로도 나의 몸과 마음을 객관화시키기에 충분합니다. 가벼운 바람은 애착이 없어 붙지 않으니 쐬고 나면 그만입니다.

其事云何 謂在身外有東來風有西來風 有南來風有
北來風 有有塵風有無塵風 有狹小風有廣大風 有毗濕
婆風有吠藍婆風 有風輪風 有時大風 卒起積集折樹頹
牆崩山蕩海 既飄鼓已無所依憑自然靜息

"풍계의 현상은 어떠한가? 몸 밖에는 동래풍, 서래풍, 남래
풍, 북래풍이 있으며, 유진풍, 무진풍, 협소풍, 광대풍, 비습바
풍, 폐람바풍, 풍륜풍이 있다. 어떤 때 큰 바람이 갑자기 일어
나 뭉쳐서 나무를 부수고 담벽과 큰 산도 무너뜨리고 바닷물
도 혼탁하게 한다. 회오리바람이 두드리고 가면 온데간데없
이 자연스럽게 고요해진다."

바람은 방향에 따라 세기에 따라 지역과 계절에 따라 다양하
게 변화합니다. 동쪽에서 부는 바람을 동래풍, 서쪽에서 부는 바
람을 서래풍, 남쪽에서 부는 바람을 남래풍, 북쪽에서 부는 바람
을 북래풍이라고 해요. 동서남북에서 부는 바람이 다 다르다고
봐요. 유진풍은 먼지를 동반해요. 인도는 모래가 많아서 먼지를
동반한 바람이 많아요. 무진풍은 먼지가 없는 바람, 협소풍은 좁

185

3장. 불교의 지연 명상법

은 바람, 광대풍은 큰 바람이지요. 비습바풍은 웅장하고 궁전 같은 느낌이 드는 바람입니다. 풍요롭고 화려하고 모든 것이 갖춰진 바람이라 장엄풍이라 할 수 있어요. 중국 영화를 보면 이런 바람이 많이 나옵니다.

폐람바풍은 폭풍처럼 날쌘 회오리바람을 말해요. 풍륜풍은 바퀴처럼 굴러다니는 바람입니다. 토네이도가 그렇게 굴러다니는 바람이에요. 나뭇잎을 굴러다니게 하는 바람이 풍륜풍입니다. 때로 대풍大風이 일어나 뭉쳐서 나무를 부러뜨리기도 하고 담을 넘어뜨리기도 하고 산을 무너뜨리기도 하고 바다를 쓸어 없애기도 합니다. 몰아쳐 흔든 뒤에는 언제 그랬냐는 듯 고요하게 되지요.

지성이 많은 사람은 바람을 싫어해요. 지성이 풍성을 만나면 풍비박산이 되거든요. 그래서 지성이 많은 사람은 바람이 자기 몸을 치고 흔들면 두려움을 많이 느껴요. 지성을 쥐고 있는 사람이 그 순간 자기 마음을 보면 자기가 뭘 쥐고 있는지가 보여요. 날려보내지 않으려고 꽉 잡게 되지요. 그래서 바람 많은 곳에 살면 잡으려는 집착이 강해질 수 있어요. 그 마음을 관찰하면 잡는 마음을 내려놓을 수 있게 됩니다.

센바람은 마음을 꽉 쥐게 하니 오히려 수행에 좋지 않기도 해요. 자연 명상 초보자는 살랑살랑 부는 바람이 나을 수 있어요. 센바람은 쥐게 만들어요. 뭐든 뒤엎잖아요. 그런 바람이 불면 혁명도 일어나요. 성적인 마음에 바람이 들어가면 바람기가 생겨요. 우리 고정 관념으로는 바람기를 안 좋게 보지만, 지수화풍공식으로 보면 센 힘이 한곳에 고정되는 것보다 나뉘는 게 나을 수 있어요. 바람으로만 보면 그래요. 그러나 바람기는 업을 동반한 바람이라 많은 문제를 일으키지요.

> 若諸有情欲求風者 動衣搖扇及多羅掌 如是等類 名外風界

> "만약 모든 유정들이 바람을 구하려 하면 움직이는 옷자락을 보거나 부채를 부치거나 다라장나무 잎사귀를 흔들어야 한다. 이 같은 종류를 외풍계라고 한다."

유정은 보특가라를 한역한 것인데, 다른 말은 푸드갈라pudgala입니다. 중생衆生이라고도 번역했어요. 윤회했던 과거생을 빗대 만든 말입니다. 태어나고 또 태어나고 거듭거듭 죽기 때문에 중생이라 하고, 마음에 정情이 남아 태어나기 때문에 유정有情이라고 표현하는 것입니다.

천상, 수라, 인간, 축생, 아귀, 지옥의 6취趣에 자주 온다고 해서 자주 삭數 자를 써서 삭취취라고도 해요. 삭취취, 중생, 유정, 보특

가라가 다 같은 말입니다. 정情은 마음 심心 자에 푸를 청靑 자를 써요. 늙으면 활동을 덜해야 하는데, 마음이 푸르러 늘 활동하려 하다 사달이 납니다. 정이 많아도 힘들어요. 그나마 소통하는 정이면 괜찮은데, 하나에 몰아서 주면 끈끈한 집착이 생겨 떼려고 해도 안 떨어져요. 젖을 줄 때도 여러 명한테 나눠 주면 집착이 덜 생겨요. 옛날에는 동냥젖이라고 해서 배고픈 아이에게 젖도 나눠 줬어요. 배고픈 아이가 있으면 저 아기에게도 나눠 줬어요. 옛날에는 그렇게 살았어요.

옛날에는 인위적으로 바람을 일으키려면 부채를 부치거나 큰 잎을 흔들거나 옷으로 일으킬 수밖에 없었을 거예요. 지금이야 선풍기나 에어컨을 틀거나 하지만요. 그런 바람도 외풍계라고 했네요.

지수화풍에서 풍계는 정신적으로 매우 높은 단계예요. 아주 깊숙한 단계에서 관찰되거든요. 그래서 지에 바람이 들면 떼어 내거나 태우거나 일부를 없애거나 해서 고칠 수 있는데, 몸속 깊이 풍성에 바람이 들면 고치기 어려워요. 물론 제일 고치기 어려운 건 마음 자체가 병든 것입니다. 심병이라고 하지요. 판단하고 분별하는 병이 가장 큰 병인데, 그다음으로 고치기 어려운 게 풍성이 병드는 것입니다. 몸 밖에 있는 바람, 외풍계는 바깥에 있는 것이니 집착하는 것은 아닙니다.

❺ 공계

云何空界 謂眼耳鼻口咽喉等所有孔穴

"무엇을 공계라고 하는가? 눈, 귀, 코, 입, 목의 인후 등의 구
멍에 있다."

이 내용대로 내 몸의 공계를 관찰해 보세요. 공은 눈, 귀, 코, 입,
목 속 공간 또는 모공 같은 구멍을 가리켜요. 귓속 콧속 입속 구
멍이 있고, 목에도 구멍이 있어요. 공간이 있어야 삼키고 수용이
되거든요. 다 막히면 수용이 안 돼요. 목이 막히면 수용이 안 되
잖아요. 감정이 목까지 차면 마음의 공간이 막힌 거예요. 그렇게
되면 진수성찬이 눈앞에 펼쳐져 있어도 먹을 수가 없어요. 그래
서 감정에도 몸에도 공간이 있어야 합니다. 집에도 공간이 있어
야 하고, 마음에도 공간이 있어야 합니다. 공간이 없으면 물질도
안 들어와요. 마음을 비워야 물질도 생깁니다. 공성, 공간력이 그
만큼 중요합니다.

由此吞咽 於此吞咽旣吞咽已 由此孔穴便下漏泄 如
是等類說名空界

"이것에 의지하여 삼키고, 삼키고 나면 이 구멍으로 내려가고 곧바로 아래로 흘러내린다. 이와 같은 종류를 공계라고 한다."

공성이 없으면 우리는 먹을 수도 없습니다. 공성이 있어야 부드럽고 연해져서 또 다른 공성인 목구멍으로 넘길 수 있어요. 그 음식은 또 다른 공성에 의지해 생명을 살리고 유지하고 나가겠지요. 지수화풍은 다 내외로 나누어 이야기하는데, 공계는 안만 열거하고 있어요. 제일 발달된 6계관을 이야기하면서 『유가사지론』은 외부의 공간을 언급하지 않아요. 고개만 들어 봐도 천지가 다 외부 공간, 공계잖아요. 온갖 군데가 다 열린 구멍이에요. 그 구멍과 빈 공간과 교류하면서 관찰하는 게 외공계입니다. 큰 바위에 올라가 하늘을 보면 보이는 것이 다 공성이 됩니다.

마음에 공간이 들어오면 사람이 여유로워져요. 빡빡하고 집착이 센 사람들은 바람을 싫어해요. 바람은 다 날려 버리거든요. 그런 사람에게 벌러덩 누워서 하늘만 바라보라고 하면 불편해 해요. 한적한 곳에 누워 하늘을 보며 바람을 맞는 것이 공성 수행입니다. 최고의 수행이지요. 시간에도 공간에도 매이지 않고, 하루 종일 그냥 보기만 하고 느끼기만 하면 돼요.

그런데 그게 어렵지요. 잘 안 됩니다. 한가로움이 허용이 안 돼요. 뭔가를 성취하고 얻고 성과를 내야 한다고 생각해서 그래요. 늘 목표를 설정해서 시간을 재고 할 일을 기계처럼 하는 습관이 들었거든요. 성공하고 발전하기 위해서는 노력 또 노력해야 하거든요.

보통 하루 종일 여유 있게 사는 사람을 한량, 건달이라고 해요. 안 좋게 평가해요. 하루 종일 그러고 있어 보세요. 멀뚱멀뚱 먼 산 봤다 하늘 봤다 하다 보면 가만히 있는 게 더 힘들어요. 일하면 시간이라도 빨리 가는데, 시간도 안 가요. 그게 공성의 마음이에요. 허공은 늘 그래요. 세상은 바빠도 허공은 안 바빠요. 바쁜 걸 그냥 지켜보고 있어요. 바쁜 것도 그냥 포용해요. 화나는 것도 포용해요. 바람은 허공에 포함되어 있지만 대상을 젖히기도 하는데, 허공은 그냥 다 끌어안아요. 공성이 전혀 없는 건 100퍼센트 밀도인 지성뿐입니다. 몸이건 마음이건 빈틈이 조금이라도 있으면 허공은 다 들어가요. 자연의 허공이 마음으로 들어가면, 공성이 많아지면서 뭉친 것이 다 풀어져요. 그러니 마음에 허공을 많이 담으면 얼마나 좋겠습니까.

진짜 허공은 진리의 모습이기도 하고 진리의 성품이기도 합니다. 대상과 합일을 잘해요. 대상을 변화시키지 않으면서 합일해요. 6계 중에 지수화풍은 대상을 변화시키면서 합일하는데, 허공만 대상을 변화시키지 않으면서 합일합니다. 단단한 지성은 공성으로 들어가서 공성의 공간을 차지합니다. 수성도 화성도 마찬가지예요.

공성만 있는 그대로 수용해요. 그래서 공성을 보는 것이 좋아요. 공성은 나쁜 짓 하고 욕심내도 봐줘요. 자기 안의 공성을 알면 다 수용할 수 있어요. 탁한 공기를 엄청나게 뿜어도 공성은 그대로 수용해요. 그대로 받아 정화해 줘요. 나를 있는 그대로 받아 주면 남도 있는 그대로 받아 줄 수 있어요. 그 마음을 보는 것이 공성 관찰입니다.

공성이 그만큼 뛰어난데, 공성보다 더 뛰어난 게 지혜예요. 사람은 누구나 판단, 분별하는 마음이 있어요. 생각, 인식, 판단, 비교, 분석하는 마음이 있어요. 그 마음이 사라졌을 때 지혜가 싹틉니다. 생각, 인식, 판단, 비교, 분석하는 마음이 공성으로 바뀌었을 때 성자가 돼요. 사실은 누구나 성자의 성품을 갖추고 있는데, 지성이나 수성이나 화성에 가려서 안 보이는 거예요. 누구나 갖고 있지만 그냥은 안 보이니까, 찾으려면 마음을 내야 합니다. 그게 뭔지 궁금해 하고 찾고 관찰해서 '아, 이게 공성이구나. 이게 순수한 지혜구나. 이게 구별하지 않는 마음이구나. 판단 분별하지 않는 마음이구나' 하고 아는 것입니다.

생각 안에 갈등이 없으면 바로바로 결정해요. 빠른 순간의 결정이 지혜 위빠사나의 모습이에요. 보는 즉시 정해요. 극간택이라고, 예리하게 콱 찔러 순간적으로 선택하는 것입니다. 반면 아무 것도 선택하지 않는 사람이 있어요. "너 누구 편이니?" 그러면 양쪽에 다 걸치고 있습니다. 두 손에 떡을 다 쥐는 거잖아요. 두 손에 떡을 들고 있으면 자유롭지 못해요. 목이 막혀도 음료수를 먹을 수 없잖아요. 하나는 버려야지요. 근데 지혜는 나머지 하나마저 내려놓으라고 합니다. 두 손의 떡을 다 내려놓고 필요할 때 집으라고 합니다. 자유롭게 살라고 합니다.

❻ 식계

云何識界 謂眼耳鼻舌身意識 又心意識三種差別 是
名識界

"무엇을 식계라고 하는가? 안眼 이耳 비鼻 설舌 신身 의식意識을 말한다. 또 심心 의意 식識 세 가지로 구별되는 것을 식계라 한다."

명상 기법 중 하나인 부정관은 마음의 딱딱한 성품을 관찰해 없애는 것입니다. 거친 지성이 관찰돼서 없앨 때는 부정관 방편을 쓰는 게 효과적이에요. 명상을 하다 보면 영상이나 단단함이 오래 지속될 때가 있어요. 그때 생각으로 지수화풍 도구를 만들어 사라지게 해도 된다는 것이 부정관입니다. 지성은 물질이나 형태가 있어요. 내 안의 지성이 나타날 때도 강한 모양과 형태, 강한 느낌, 움직임으로 드러납니다.

물도 세차게 흐르면 형태가 뚜렷하잖아요. 물과 감정은 속성이 비슷해요. 감정이 솟아오를 때 불기둥처럼 느껴질 때도 있어요. 사람마다 다양하고 많은 현상이 동반돼요. 관찰하며 실제로 불기둥을 보는 사람도 있어요. 그럴 때는 감정이 진짜처럼 느껴져 쉽게 벗어나지를 못해요. 풍성도 강할 때는 부딪침이 엄청나요. 센 지성으로 느껴져요.

지수화풍이 모여 몸을 이루는데, 몸에 판단하고 생각하는 작용이 깃들어요. 몸이라는 지성에서, 더 정확히 말하면 몸이라는 지성에 들어 있는 마음에서 생각이 나와요. 지성처럼 강한 생각도 생각 그 자체를 계속 바라보면 오래가지 않아요. 생각을 계속 이어가 붙여 부풀리지 않으면 풍성으로 있다 공성이 되기도 하고, 수성이 되기도 해요. 변화가 있어요. 몸속 어떤 지성은 관찰하면 열이 나요. 지성이라는 고유한 성품을 갖고 화성과 결합되어 있는 거죠.

이때 '지성, 수성, 화성, 풍성, 공성이 이렇게 저렇게 결합되어 몸을 이루고 있구나' 하고 생각하는 특별한 작용이 있습니다. 이 생각하는 특별한 작용을 '식성'이라고 해요. 부처님 당시에는 식성을 '안이비설신의 속의 식'이라고 했어요. 눈으로 보는데 거기에

식이 붙어요. 보면서 판단 작용을 하면 그게 식이 됩니다. 눈으로 노란색을 보면서 '예쁘네' 하고 판단하고 인식해요. 그게 식이죠.

바깥이 시끄러우면 들으며 '왜 이렇게 시끄러워?' 생각 작용을 합니다. 이것도 식입니다. 들으면서 '듣기 싫어' 하는 감정이 올라와요. '저렇게 떠들면 안 되지' 하고 판단해요. 이것도 식입니다. 눈이 바깥 대상을 보면서 판단, 분별, 인식을 하지 않으면 그것을 정식淨識이라고 합니다. 깨끗한 식이다 해서 정식이에요. 소리가 들려도 '시끄러워. 저게 뭐하는 거야?' 하고 판단, 분별, 인식을 안 하면 깨끗한 식, 정식이에요. 먹을 때 '쓰다, 달다' 분별을 하지 않고 먹으면 정식이에요.

그런데 보며 들으며 판단, 분별, 인식을 하지 않기는 어렵잖아요. 혀에 마음이 붙어 '짜다, 시다, 맛없다, 몸에 안 좋다, 배부르다, 적당히 먹어야 한다' 끊임없이 식 작용을 해요. 코로 냄새가 들어올 때, '나쁜 냄새야', '탔어' 하는 분별 작용을 합니다.

명상을 하면서 '그렇게 판단 인식하는 힘이 뭘까? 그걸 의식이라 하는데, 그 근원이 뭘까?' 물어 가면서 근원으로 들어가 보세요. 근원에 그런 걸 양산하는 총체적인 마음이 있다는 것을 알게 되면 판단, 인식하지 않고 분리하게 됩니다. 의식이 확장되면서 하나는 '심'이 되고, 하나는 '의'가 되고, 하나는 '식'이 된다는 걸 나중에 알게 돼요.

불평불만이 많은 사람, 부정적인 사람은 고정하는 걸 좋아해요. 분별하기 힘드니 아예 관념으로 고정시켜요. 대상을 받아들이는 게 쉬우면 관념을 만들 필요가 없어요. 그냥 받아들이면 되거든요. 규칙을 만들 필요가 없어요. 자신의 마음이 세상 속에 하나의 낱개에 불과하니 자기중심적으로 하고 싶은 거예요. 대상을 내 맘대로 하고 싶으니 규칙을 만드는 겁니다.

나는 5관 중에서 어디에 마음이 많은지, 어디에 식의 작용이 많은지 보세요. 코로 냄새 맡을 때 생각이 일어나고, 혀로 맛볼 때 생각이 일어나고, 눈으로 볼 때 생각이 일어나요. 냄새를 잘 맡는 사람은 구린내와 비린내도 잘 맡아요. 냄새 싫어하는 사람은 냄새를 없애기 위해 늘 닦고 쓸어요. 사실 구린내가 비위에 좋아요. 옛날 사람들은 재래식 화장실에서 구린내를 많이 맡아 비위 기능이 좋았대요. 비린내도 폐 기능을 좋게 해요. 폐 기능이 약한 사람은 바닷가로 요양을 가는 게 도움이 됩니다.

몸에 뭔가 부딪치거나 누군가와 접촉할 때 마음이 싫다, 좋다 반응하잖아요. 그렇게 총체적인 것을 관찰하는 게 6계관찰 중 식성 관찰입니다. 눈이 보면서 생각하는 것, 코가 냄새를 맡으면서 생각하는 것, 혀가 음식을 먹으면서 생각하는 것을 관찰하는 것이 식성 관찰이에요. 5관이 다 열려 마음이 대상과 부딪치니 생각이 일어나요. 이때 이미 내 마음속에 개념 종자로 축적되어 있는 마음을 중심으로 식이 작용해요.

과거를 저장하는 마음이 떨어지면 좋은데, 지금 우리는 마음 안에 다 기록해요. '심'이란 마음에 종자를 심어요. 종자를 심은 다음에는 개념화시켜 비슷한 걸 끌어당겨요. 그걸 집수라고 해요. 일단 종자를 심어 놓고 집수해서 끌어당겨요. 저 사람이 좋으면 저 사람을 고스란히 끌어당겨 마음에 담아요. 그러면 자기화되어 자기 몸과 생각을 이루게 돼요. 그게 종자법이에요. 심이라는 마음이 종자와 몸 두 가지를 만들어요. 했던 것이 저장되어, 종류별 종자가 되어 그걸 잡아당기면 그 종자에 맞는 몸이 돼요.

종류가 많으니 많은 것처럼 보이지만 사실은 종자와 몸 두 가지밖에 없어요. 그 과정을 반복하다 보면 그 자체가 나라고 여겨져요. 자기중심적으로 보고 자기중심적으로 돼 버립니다. 저 사람을 위한다지만 자기중심적으로 하고 있어요. 업에 끌려다니는 거예요.

지수화풍공식이 화합해 마음에 모여서 몸을 받으려고 하는 층을 '일합산—合散'이라고 합니다. 하나로 모여 무엇인가를 이루는데, 이게 죽으면 다시 '지수화풍공'으로 분해돼요. 죽으면 몸뚱아리가 지수화풍공으로 흩어져 버려요. 흩어진 기운이 각자의 에너지원으로 가요. 지성은 땅으로, 수성은 물길로, 화성은 태양으로, 풍성은 바람 속으로 돌아갑니다. 공간으로 집지했던 건 다 공성으로 돌아가요.

식성만 안 돌아가고 마음속에 저장되어 세세생생 이어집니다. 마음에 종자로 남아 새로운 몸이나 정신을 만들어 윤회해요. 식성만 남아 다음에는 어떤 지수화풍을 만날 것인지 조합해요. 첨가도 하고 털어 내기도 합니다. 계속 윤회하는 거예요. 몸을 받았다 윤회했다, 받았다 윤회했다 마음이 그렇게 윤회해요. 식성의 마음이 물질계로 윤회했다, 정신계로 윤회했다 해요.

식성이 많이 하는 작용은 몸에 집착하게 하는 것이고, 관념을 유지하는 것입니다. 이 관념이 종자입니다. 그래서 대상이 들어올 때마다 판단하고 인식했던 걸 기록해요. 싫은 말을 하거나 욕을 하면 다 기록해서 종자로 심어요. 그래서 그 이야기를 하고 또 합니다. 종자가 강하게 심어지면 계속 반복합니다.

내 맘대로 할 수 있는 건 아무것도 없어요. 이미 관계 속에서 이루어진 몸이기에 죽어서도 영향을 줘요. 몸이 지수화풍공식으로 흘러가면서 세상에 영향을 주기 때문에 견고하고 빡빡한 상태로 죽으면 좋을 리 없어요. 견고하고 빡빡한 마음이 땅으로 가요.

티베트에서는 사람이 죽으면 조장을 해요. 독수리보고 육신은 먹고 영혼은 높은 데 올려 달라고 조장을 합니다. 살 껍데기가 질기니 껍데기를 갈라서 속살을 드러나게 한 뒤 독수리를 굶겼다 풀어 줘요. 그러면 독수리가 쏜살같이 내려와서 파먹어요. 그런데 어떤 부위는 독수리도 안 먹어요. 마음이 많이 머물렀던 데는 집착이 남아 먹을 수가 없나 봐요.

화장하면 지성 중에서도 센 기운만 남아요. 사리도 지성이에요. 사리는 마음이 뭉친 것이거든요. 사실은 아무것도 안 나오는 게 좋아요. 정신적인 영역에서 집중을 하니 사리로 남는 거 같아요. 수행을 했던 것마저 버리면 사리조차 남지 않게 되지요. 세상에는 부처님 진신사리라는 것이 아주 많습니다. 사람한테서 그렇게 많은 사리가 나올 수는 없거든요. 사람들이 그렇게 만들어 놓은 거 같아요. 부처님이 방편으로 사리를 남겼을 수도 있어요. 사람들은 뭔가 있어야 믿고 따르니까요.

요즘에는 외형적인 것만 커져 문제가 생깁니다. 불상이 커지고 불상 개수가 많아지면 금 같은 물질이 많이 붙게 돼요. 외형이 중시되면 종교가 세상에서 몫을 하기가 어려워요. 집단아성集團我性이 강해져 그 마음이 뭉쳐 외형적인 것을 자꾸 세우니 문제가 되지요. 가족도 민족도 나라도 집단아성입니다. 집단아성은 집단적 이득과 결합 관계라고 할 수 있어요.

『유가사지론』31권에 기술된 6종 위빠사나로 행하는 계차별관

云何勤修界差別觀者 尋思六事差別所緣毘鉢舍那

"무엇을 계차별관을 부지런히 닦는 것이라고 하는가? 여섯 가지 분야의 차별적인 수행 대상에 대하여 위빠사나를 거칠게 보고 깊게 보면서 살피는 것이다."

『유가사지론』에서는 모든 것을 지수화풍공식 여섯 가지로 나누어 조망해요. 지성을 관찰해도 지성 안에서 여섯 가지로 관찰하지요. 어느 수행법이나 마찬가지입니다. 부정관도 수식관도 그렇게 해요. 수행이 전반적으로 왜 일어났으며, 역사적으로 어떻게 변천되었으며, 부정관이 왜 폐기되었는지 알아야 하는 이유가 있어요.

각각의 수행법에는 시대적 상황이 담겨 있습니다. 시기에 따라 변화된 상황 속에서 그에 맞는 수행법이 생겨나거든요. 수행법마다 장단점이 있고 그때 그 수행법을 만나는 사람과의 인연이 작용해요. 지성이 많이 뭉쳐 있는 사람에게는 부정관이 좋지만, 지성이 떨어진 사람은 부정관이 필요 없어요. 지성이 떨어지면 지수화풍공식이 만들어지지 않거든요. 물질업이 많이 떨어지면 부정관은 필요 없어요. 자기의 공성을 터득하면 부정관은 필요 없어요. 그

때는 바깥에 가서 경계 속에서 수행을 해야 하지요.

계차별관을 닦기 위해서는 처음에는 보편적으로 두루 아는 게 좋아요. 스승한테 계차별의 정법을 청해 듣는 게 좋아요. 왜 계차별관을 해야 하는지, 계차별관은 어떤 수준에 맞는 수행법인지, 계차별관을 하면 뭐가 좋은지를 두루 듣는 거지요. 부처님 당시에는 어떻게 하는 건지 어떤 효과가 있는 건지 낱낱이 설명하지 않았어요.

그렇지만 교리적인 이해를 갖춘 상태에서의 수행이 효과가 좋아요. 수행법을 어느 정도 이해한 다음에 하면 더 좋아요. 부정관이라면 부정관의 행법은 어떤 건지, 어떤 특징이 있는지, 어떤 목적을 위해서 만들었는지, 효과는 무엇인지 설명을 들어 보세요. 그다음에 나에게 맞는지 맞지 않는지 부작용은 무엇인지 스스로 사유합니다.

계차별관은 '지성이, 수성이, 화성이, 풍성이, 공성이 이런 것일까?' 관찰한 것을 물으면서 수행합니다. 옛날에는 스승이 제자와 무릎을 마주 대고 같이 수행하면서 매일 수행을 전수한 적도 있어요. 수행을 하다 보면 신비한 반응이 일어나기도 하는데 각자 자기 생각으로 오해하면 안 되거든요. 여러 사람이 같이 수행하며 관찰한 현상들을 공유하는 것도 정법을 설명하는 것과 같아요. 여러 사람이 회향한 것을 교류해도 수행의 오류를 줄일 수 있어요.

예를 들면 지성을 관찰해서 각자가 경험한 지성을 회향하면서 같이 인식하는 거예요. 그럼 지성이 개인의 경험을 넘어 폭넓게 인식되거든요. 스승과 제자가 1대 1로 안 해도 효과는 비슷해요. 그래서 도반이 있으면 좋습니다.

수행의 3대 요소가 스승, 도량, 도반인데 도반이 중요합니다. 도량은 내가 다른 곳에 가서 만들 수도 있어요. 스승도 중요하지만, 스승은 나중에 내가 바꿀 수 있어요. 스승이 스승답지 않으면 갈아 치워야지요. 그렇지만 도반은 수행을 같이하는 세월에서만 만들어져요.

이 세상 관계 중에 도반업이 제일 좋은 업이에요. 가족업은 강한 인연인데 좋은 업과 나쁜 업이 섞여 있어요. 도반업은 좋은 인연이에요. 수행할 때 서로 이끌어 줄 수 있어요. 답답하다고 하면 답답함이 이런 현상이냐고 서로 경험을 나눠 줘요. 그렇게 수행을 하면 정법을 청문하는 것과 똑같은 수준으로 끌어갈 수 있어요. 업을 관찰해서 떼고 지혜를 보는 수행을 같이하기 때문에 세속적인 이해관계하고는 다르잖아요. 그래서 좋은 인연이라 할 수 있고, 서로를 잘 보는 거예요.

위빠사나가 좋은 이유는 거짓말할 때도 내가 거짓말하는 걸 알아차릴 수 있다는 겁니다. 보통 자기가 거짓말하고 있다는 걸 모르는 경우가 많아요. 자동적으로 나도 모르게 거짓말을 하는데,

위빠사나는 거짓말하는 자기까지 비춰 그렇게 굴러가는 근본 이치를 종자까지 밝혀 줘요. 그러니 더 이상 거짓말업을 붙이는 건 막아 줍니다. 답답함, 두려움, 의지, 추구 에너지, 돈, 억누름, 소유, 옳음, 이런 것들이 악종자 그룹인 지성입니다. 사소한 거짓말도 근본적으로 이런 것이 원인일 수 있습니다.

어떤 사람은 늘 목표 설정하는 것이 버릇이에요. 목표 지향도 지성을 만들어요. 목표라는 건 센 관념이거든요. 센 종자인 셈이지요. 목표를 위해 중간 과정은 무시하고 결과만 중시합니다. '대학만 가면 돼. 취직만 하면 돼. 정상에 올라가기만 하면 돼' 하고 마음먹고 정상에 오르기 위해 남을 밟고 해쳐도 상관없다는 마음이 얼마나 무섭겠습니까. 위빠사나하면 그런 것까지 보게 되니 과정에도 관심을 가져요. 과정은 감정이거든요. 그렇게 사고의 토대가 되는 근본 이치를 알아 가는 거예요. 몸에 집착해 지성이 많아진 사람은 몸이 늙으면 슬퍼요. 그런데 무너지지 않는 몸은 없어요. 어리석은 사람은 무너지는 몸을 잡으려 합니다. 그런 마음들이 기본 몸 종자를 만드는 원인이 돼요. 위빠사나해서 그걸 보는 거예요.

지성을 만드는지 수성을 만드는지 화성을 만드는지 그것을 다 결합해서 만드는지 계차별관은 그 원인을 보게 합니다. 불교에서는 깨달음의 성품을 대종성大種姓이라고 합니다. 인도말 고트라gotra에서 왔어요. 깨달음의 이치가 성품에 있다는 의미를 가리키는 말이에요. 종자 자체를 관찰해서 종자가 튀어나왔을 때 그 자리가 바로 깨달음의 자리예요. 뒤집으면 깨달음이지요. 지혜와 무지가 둘이 아니라는 것이 그래서예요. 무지 속에 깨달음이 있어요. 깨달음이 다른 데 있는 게 아니지요. 그러니 교법의 의미를 알고 수행하면 지치지 않고 갈 수 있어요. 내 근본업이 뭔지 이 삶의 토대가 뭔지 알고 하는 거니까요. 관찰하는 깊이가 달라져요. 내 종자를 보려는 의도를 내야 해요. 정법을 알겠다는 욕심을 내야 해요. 잘 먹고 잘사는 걸 넘어 이치를 알아 지혜에 닿겠다는 욕심을 갖고 하면 결국 지혜에 닿게 됩니다.

초기불교 경전의 6계관

4부 『아함경』은 붓다 당대의 부처님 교설을 많이 담고 있어요. 그중 『중아함경』은 수행법에 대하여 자세히 설명하고 있어요. 『중아함경』에서는 6처법과 6계법을 함께 기술했습니다.

云何六處法 我所自知自覺爲汝說 謂眼處 耳鼻舌身意處 是謂六處法 我所自知自覺爲汝說也 云何六界法 我所自知自覺爲汝說 謂地界 水火風空識界 是謂六界

法 我所自知自覺爲汝說也

"무엇을 6처법이라고 하는가? 내 것이라고 스스로 알고 느끼는 것이니 너희들을 위하여 설해 주노라. 눈 있는 곳, 귀 있는 곳, 코 있는 곳, 혀 있는 곳, 몸 있는 곳, 의식 있는 곳 이를 6처법이라고 한다. 내 것이라고 스스로 알고 느끼는 것이기에 너희들을 위하여 설해 주노라. 무엇을 6계법이라고 하는가? 내 것이라고 스스로 알고 느끼는 것이기에 너희들을 위하여 설해 주노라. 지수화풍공식의 계이다. 이것을 6계법이라고 한다. 내 것이라고 스스로 알고 느끼는 것이기에 너희들을 위하여 설해 주노라."

6처법 다음에 6계법이 연결되는 이유가 있어요. 눈으로 대상의 색을 관찰하려고 대상을 잡아당기면 지성이 됩니다. 그냥 보면 되는데, 책임감 때문에 보면 지성이 돼요. 반드시 성공하려고 하면 지성이 돼요. 눈으로 내가 어떻게 하는지 잘 보세요. 눈으로 보고 싶은 걸 고정시켜 놓으면, 그 앞에 왔다 갔다 하는 사람까지 방해된다고 싫어해요.

눈으로 색을 관찰하고, 귀로 소리를 관찰하잖아요. 어떤 소리가 좋은 소리라고 규정해 놓으면 다른 소리에 화가 나요. 많은 사람이 소리 때문에 감정이 올라옵니다. 보통 사람들은 모양보다 소리에 많이 걸려요. 소리에 감정이 많이 끓고 소리에 마음의 지성을 만들어요. 나는 어떤 소리에 걸리는가를 잘 보세요. 6계관찰은 '안이비설신의'가 어떻게 작용하는지 관찰하는 것과 관련되어 있어요.

『중아함경』 3권에 이런 내용이 나와요.

  以六界合故　便生母胎　因六界便有六處　因六處便有更樂　因更樂便有覺

  "6계가 화합하여 모태에 생겨나고, 6계가 있어서 6처(색성향미촉법)가 있게 되고, 6처가 있어 갱락 곧 접촉이 있게 되고, 접촉이 있어 감각이 있게 된다."

영혼이 '내가 태어나야겠다. 존재하겠다' 하면, 그 순간 지수화풍공식이 확 모여들어 태로 들어갑니다. 영혼 속 6계가 풀어지면 일심이 되는데도 영혼이 중음으로 있다가 6계의 마음이 한순간 모여 탄생의 마음을 내는 거지요. 육체가 물질을 받으려면 6계가 화합해야 해요. 태로 들어갈 때 한 찰나에 6계가 화합합니다.

죽을 때는 몸에 포진해 있던 6계가 빠져나가 산천초목으로 흩어져요. 살아 있을 때는 몸에 6계가 붙어 있어 6처 즉 색성향미촉법이 생기고, 6처가 생기면 각각의 분리된 대상을 경험합니다. 6처라는 대상이 서로 달라져 5관과 의식 하나하나가 각각의 물질, 소리, 맛, 감촉, 생각이라는 대상을 접촉하니 각각에서 좋음과 싫음이 생기는 거지요. 6처는 경계 속에 있는 대상을 의미해요. 『중아함경』 7권을 보면 더 자세하게 나와요.

衆生實有愛六界　地界　水火風空識界　於中若有愛有膩有染有著者　是名爲習　諸賢　多聞聖弟子知我如是知此法　如是見　如是了　如是視　如是覺　是謂愛習苦習聖諦

"중생이 실제로 6계 지계, 수계, 화계, 풍계, 공계, 식계를 사랑(애착)하게 되면 그것을 사랑하고 살찌고 더럽게 하고 집착하게 되는데, 이를 익힘이라 한다. 현자들이여, 다문의 성제자는 이 법이 이와 같다고 알고 이와 같다고 보고 이와 같다고 분별하고 이와 같다고 주시하고 이와 같다고 느끼는데, 이것을 사랑에 대한 익힘, 고에 대한 익힘을 보는 현성의 진리라 한다."

몸속의 6계를 집착하게 되면 괴로움이 모이게 되지만, 6계를 알고 분별하고 주시하고 정확히 느끼면 이는 사랑(애착)의 모임이고 괴로움의 모임이라고 알게 된다는 것입니다.

사랑을 알고 위빠사나 한다면 그대로가 진리이지만 사랑을 모르고 그 속에 빠져 있으면 그건 집착이라고 할 수 있어요. '나'가 없이 순수하게 사랑을 있는 그대로 베풀면 상관이 없는데, 보통은 그냥 하지 않잖아요. 내 가족이어서 내 친구여서 사랑을 주고 관심을 주잖아요. 그건 집착이에요. 그냥 마음을 주는 건 사랑이지요. 모든 사람이 그런 식으로 관계를 형성하면 문제가 없습니다. 이 사람이 가면 저 사람을 사랑하고 그 사람이 오면 그 사람을 사랑하면 문제가 없어요. 근데 그게 아니잖아요.

이렇게 6계에 잡혀서 또 하고 또 하는 걸 '익힘'이라고 합니다. 익힘은 어떤 경전은 집集 즉 모임 또는 쌓임이라고 말하기도 해요. 4성제의 고집멸도苦集滅道에서 '집'이지요. 익히는 것이고 쌓이는 것입니다. 보통 사람들은 습관대로 따라가요. 현자는 습관적으로 하는 걸 관찰로 보고 습관 속에 지혜가 있다는 걸 깨달아 아는 겁니다. 몸속에 자리 잡은 6계 속을 그대로 알고 인지한다는 겁니다.

자기 자신을 보느냐 못 보느냐. 자기 자신을 아느냐 모르느냐. 현자와 보통 사람의 차이가 그거예요. 내가 그러고 있다는 걸 못 보면 무지한 사람이고 봐서 알면 현자예요. 무지한 행동을 아예 하지 않는 게 현자는 아니거든요. 사람들은 욕심이 없어야 현자로 알아요.

이 세상이 욕심으로 만들어졌는데 어떻게 욕심이 없겠습니까. 현자와 보통 사람의 차이는 습관적으로 내는 욕심을 보고 그걸 계속 굴리느냐, 그 욕심을 보고 하지 않느냐가 다를 뿐입니다.

『중아함경』 21권을 보면, 이런 내용이 나옵니다.

若爲諸年少比丘說教此六界者　彼便得安隱　得力得
樂　身心不煩熱　終身行梵行

"부처님께서 여러 어린 비구들에게 6계를 설교해 주었더니 그들은 곧 편안해지고, 힘을 얻고, 즐거움을 얻으며, 몸과 마음에 번뇌가 없어져 마침내 몸으로 범행을 닦는다."

여기서 말하는 힘은 집착하는 힘이 아닙니다. 몸으로 업행을 닦는 사람이 있고, 계속 굴리는 사람이 있어요. 범행(청정한 행위)을 닦는 사람은 그 몸을 통해 본래 진리 자리를 보려고 합니다. 업행을 닦느냐 범행을 닦느냐는 달라요. 업행은 이미 과거에 지어 놓은 카르마에 의해 노예처럼 행동하는 것이고, 범행은 업행을 관찰하여 그 속에 있는 진리를 관찰하는 것이니까요.

초기 대승불교 경전은 반야의 지혜를 중시합니다. 반야계 경전

중 600권의 방대함을 담고 있는 『마하반야바라밀다경』은 "6계는 반야바라밀 지혜의 마음과 연결된다."고 말하지요.

몸속 마음에 붙어 있는 6계의 마음이 지혜를 관통함을 밝힌 것입니다. 그런데 지성이 너무 많으면 지혜가 안 드러나요. 『불퇴전법륜경』에서는 6계가 법계와 연결되므로 여러 감각 기관을 통해서 6계를 관찰해야 한다고 말해요. 6계가 지혜로 화현되면 마음에 뭉친 게 허공 끝까지 퍼져 나가는데, 나가는 곳이 법계거든요. 지혜는 햇빛과 같아요. 분별하지 않고 누구에게나 빛을 줍니다. 빛이 퍼져서 끝에 가면 아무것도 없어요. 그걸 일심이라고 해요. 그래서 6계가 반야바라밀하고 통해요.

『아함경』에서 감각 기관을 통해 지수화풍공식을 관찰해야 한다고 하는 것과 같은 이야기입니다. 6계의 평등성을 관찰해야 한다는 뜻이지요. 지성이 사라지면 나머지 정신적인 계는 화합하기 때문에 수월해요. 지성만 내려놓으면 그다음부터는 쉬워요. 저절로 갑니다.

주변을 돌아보세요. 방바닥도 천장도 바깥을 가로막는 유리창도 지성입니다. 가로막는 건 다 지성이에요. 지성이 심해지면 칸칸으로 나눕니다. 문을 닫고 닫고 또 닫아요. 그러면 의식이 갇히고 갇히고 또 갇히지요. 내 마음이 불안하면 집이 그런 구조로 바뀌어요.

내 마음이 부모를 선택하고, 사는 곳도 선택하고, 만나는 사람도 선택하고, 물건도 선택해요. 내 마음이 모든 것을 결정합니다. 관찰해서 보이는 것이 자기 마음의 모습입니다. 겉으로, 상상으로 알던 것과 달라요. 꼬인 심리가 풀어지면 평등이 관찰돼요. 그 다음부터는 좌선할 필요가 없어요.

지성이 풀어질 때까지는 좌선 수행이 필요합니다. 지성은 고정되어 있으니 앉아서 파고들어 가는 게 좋아요. 한곳을 집중해서 파는 거예요. 이것이 사띠이고 사마타예요. 우물도 한곳을 정해 물이 나올 때까지 파잖아요. 지성이 극복되면 좌선할 필요가 없어요. 세상 속에서, 관계 속에서 융통성이 발휘되기 때문에 세상으로 나가는 게 좋아요. 그럴 때 좌선을 고집하면 오히려 지성을 더 만들어요.

좌선할 필요가 없는데 좌선하는 건 편안함에 집착하는 겁니다. 다시 지성을 만듭니다. 좌선해서 지성이 사라진 편안함을 맛보면 자꾸 좌선을 하려 해요. 좋아진 상태에서 더 좋아지려고 하면, 좋아진 게 나빠져요. 한 단계 더 들어가면 좋아진 게 나빠진 거라는 걸 알아요. 그러면 좋은 것도 잡지 않고 나쁜 것도 잡지 않아요. 그게 수승한 수행입니다. 경계가 없어요.

지성이 파괴되면 표정으로 나타나요. 몸이나 현실에서 변화하는 현상이 나타나요. 수행할 때는 스스로 알아요. 처음에는 순수한 지성이 느껴지고 순수한 지성마저 내려가면 자기 업장의 무게가 드러나거든요. 내려간 업장만큼 현실에서 검증되는 거예요. 생활 속에서 소통이 잘되면 업장이 줄어든 거예요. 현실에서 겪어봐야 알아요. 현실이야말로 지성이 녹고 껍데기층이 얼마나 벗겨졌는지 검증하는 시스템입니다.

『무문관』48 조칙에는 화두 이야기가 나와요. 48가지로 갇힌 논리를 깨는 방식이 소개되어 있어요. 그렇지만 특별한 화두 조칙을 들지 않고서도 현실에서 종종 화두와 같은 결정적 쟁점들이 깨지기도 해요. 살아 있는 화두가 작동한 것이지요.

6조 혜능선사 이후에 남종선과 북종선이 갈라지게 되는데, 남종선은 돈법頓法을 중시하여 본연의 진리 마음과 함께하는 번뇌의 마음도 그대로 인정해요. 지금 이 순간순간이 모두 진리를 품고 있다고 하지요. 그래서 진리와 번뇌는 같은 몸이기 때문에 좌선 수행은 필요 없다고 무수돈오無修頓悟를 주장합니다. 논리적으로 일리가 있는 이야기입니다.

그러나 삼독심의 세계에서 온갖 번뇌를 겪으며 살아가는 일반인들이 수행하지 않고 진리가 지금 이 순간에 현현하고 있다고 알기는 쉽지 않아요. 그래서 남종선도 후대로 가면서 방편으로 수행법을 만들지 않을 수 없게 되었어요. 없는 것이 있는 것이고 유무有無가 한 몸이라는 걸 궁구하는 절대적 의심을 화두에 장착하게 되는 거지요.

제 경험입니다. 종을 딱 치는데 학생이 종의 무게가 얼마냐고 물어요. 소리로 무게를 재는 것입니다. 소리가 무게를 상징하니까요. 학생의 인식 범위가 거기까지 갔다는 거예요. 아이들은 빨라요. 한 달만 수행해도 화두의 소통 기법을 바로 깨우칩니다. 질문한 학생은 소리가 무게가 되고 무게가 거리가 되고, 이런 식으로 물어본 것이지요. 원래 연결되어 있어요. 우리가 분별해서 그렇지 통으로 보면 연결되어 있어요. 6계에서 지성이 어느 정도 내려가면 그렇게 돼요. 소통을 잘하니 어렵지 않게 소리 속 무게를 아는 거예요. 방식을 내려놓고 그 사람 말을 받으니 소통이 잘돼요. 그렇게 되면 나도 힘들지 않고 대상도 힘들지 않아요.

중기 대승불교 경전 중 공성을 잘 설명하고 확대한 경전으로 『대보적경』을 들 수 있어요. 이 경전 제94권에는 이런 내용이 있습니다.

觀地大 無常變壞無堅無牢相 若無常卽是苦 若是苦卽無我 水火風空識大 無常變壞無堅牢相 若無常卽苦 若苦卽無我 是名知六界

"지계(지대)에서 변화와 무너짐, 견고하지 않음, 갇혀 있지 않음의 모습으로 무상을 관찰해야 한다. 무상이면 이는 괴로움인 것이며 괴로움이면 무아이다. 수·화·풍·공·식의 계도 변화와 무너짐, 견고하지 않음, 갇혀 있지 않음의 모습으로 무상을 관찰해야 한다. 무상이면 이는 괴로움인 것이며 괴로움이면 무아이다. 이를 6계를 아는 것이라고 한다. ”

마음의 견고하지 않음, 갇혀 있지 않음까지 지계 속에서 관찰해야 합니다. 무상은 항상 변화하는 거예요. 무상이 관찰되면 지성이 무너지는 게 관찰됩니다. 단단함과 모양을 지닌 지계니 늘 변화와 무너짐이 있어요. 관찰할 때 무상 속에서 무엇을 보고, 지계 속에서 무엇을 봐야 할까요? 괴로움, 고통, 무아를 봐야 해요. 지성이 무너질 때 볼 수 있어요. '아'가 많아서, 내 존재감이 많아서 지성이 됩니다. 내 생각이 옳다고 해서 지성이 만들어져요. 변하지 않으려 하니 고정되어 지성이 돼요. 그래서 지성에서 지성이 변하는 무상도 보고 뭉침과 뭉침이 풀어지는 괴로움도 볼 수 있어요. 그대로 유지하려는, 뭉쳐 있으려는 마음 자체가 괴로움이거든요. 그게 풀어질 때 괴로움, 고통을 느낄 수 있어요.

괴로움, 고통에는 미학이 있어요. 괴로움 속에 진리가 있어요. 피하지 말고 그 괴로움을 보세요. 괴로움을 직시하세요. 괴로움이 나쁘다고 고개를 돌리는 게 무지거든요. 인생은 물질이 모인 몸을 받아 살기 때문에 사실 인생 자체가 괴로움입니다. 즐거운 것도 지나고 나면 즐거움이라고 착각한 것일 때가 많습니다. 나를 내려놔서 대상과 소통이 될 때 진정 즐거운 것이지요.

4장

실제로 자연 명상하면서 겪는
궁금한 것들

자연은 우리의 마음을 다 수용하고 있어 풀 한 포기도 내가 쳐다보면 나와 결합해요. 내가 쳐다
보면 꽃도 나를 쳐다봅니다. (…) 내가 모르는 사이 나를 서서히 열어 줘요

질문과
답변

이론적으로 많이 공부해도 명상 실전에 들어가면 당황스러울 때가 많습니다. 이럴 때는 어떻게 하는 게 좋을까 궁금할 때도 있습니다. 자연은 넓고 깊고 변화무쌍해서 자연 명상할 때는 겪는 일도 다양할 수 있습니다.

자연 명상을 먼저 해 본 분들이 가졌던 경험과 의문을 따로 정리했습니다. 전체를 모두 망라하지는 못합니다. 그럼에도 실제로 자연 명상을 하다 궁금한 점이 있을 때 읽어 보시면 도움이 될 듯합니다.

자연 명상은 처음이에요. 자연 명상이 왜 좋아요?

자연 명상은 굉장히 풍부한 경험을 줘요. 우리 삶처럼요. 명상이라는 것이 별게 아니에요. 내가 살아가는 지금 여기에 의식을 대고 있으면 그게 다 명상이에요. 꼭 앉아서 할 필요도 없어요. 그런데 잘 안되니까 기초를 배우기 위해, 기초를 다지기 위해 앉아서 좌선을 하는 겁니다. 야외에서 하는 건 그 응용이라고 보시면 됩니다.

자연 명상이 왜 좋냐면 자연은 그때그때 다르기 때문이에요. 개인이 자연의 다양함을 다 경험할 수는 없잖아요. 봄기운 쌓여 있을 때 걷는 것과 한겨울에 걸을 때가 달라요. 눈 쌓인 길 다르고 먼지 풀풀 날릴 정도로 햇빛 쨍쨍할 때가 또 달라요. 누가, 무엇이 나를 건드려 깨달음의 세계로 데려갈지 몰라요. 자연은 늘 우리와 함께해요. 우리의 일부가 나가서 자연을 만들었기 때문에 자연 속에는 개인인 나와 함께하지 않는 것도 많아요. 군중 속에 있어도 함께하지 않을 때가 많고, 아무리 사람이 많아도 그 어떤 존재와도 교류를 하지 않을 수가 있어요. 누구하고도 말하지 않고 그냥 있을 수 있어요.

그런데 자연은 우리의 마음을 다 수용하고 있어 풀 한 포기도 내가 쳐다보면 나와 결합해요. 내가 쳐다보면 꽃도 나를 쳐다봅니다. 어떤 사람을 계속 바라봐도 그 사람이 내가 싫으면 쳐다보지 않을 수 있고, '저리 가'라고 밀어내기도 하잖아요. 반대로 내가 안 갈 수도 있고요. 그런데 자연은 다가가면 접촉하게 되어 있어요. 걸을 때 땅이 내가 싫다고 피하지 않잖아요. 나무가 내가 싫다고 가 버리지 않잖아요. 하늘도 그렇고요.

자연은 우리와 결합하는 요소가 굉장히 많기 때문에, 내가 자연과 결합하지 못하고 거부한 채 자기 속에 빠져 있다는 것을 알려 줘요. 그럴 필요가 없다는 것을 가르쳐 줘요. 그러면서 내가 모르는 사이 나를 서서히 열어 줘요.

인간의 삶은 지루하고 힘들어요. 공부하기도 힘들고 직장 생활도 지겨울 때 자연에 가서 내 마음을 열어 놓으면 자연이 나한테 그냥 해 주는 게 많아요. 그 마음이 자연과 합일하는 종합 마음이기 때문에 알려 주는 것도 보따리째 종합적으로 알려 줘요.

●

자연 속으로 들어가면 어디에선가 물소리도 들리고 하늘도 보이고 바람도 불고 발밑에는 부드러운 땅도 있어요. 그럼 어디에 집중하는 게 좋을까요?

그 전체를 다 느껴도 되고 그때마다 옮겨 다니면서 집중해도 돼요. 바람이든 빛이든 강한 쪽으로 의식이 가게 돼요. 의식이 가는 대로 둬요. 그러면 의식이 바람을 느꼈다가 햇빛을 느꼈다가

꽃이 예쁘면 또 그쪽으로 집중이 돼요. 꽃나무에 가서 "엄청 예쁘다. 우와." 그럴 수도 있어요. 자연 따라 흘러가도 된다는 거예요. 자연 따라 흘러가며 잘 놀면 돼요. 그러다 자연의 일정한 곳에 앉아서 자연에 집중(사띠)을 하고 싶으면 그렇게 해요. 어떤 한곳을 정해 집중해서 마음을 더 들여다보세요. 물소리에 집중하든 발의 통증에 집중하든 상관없어요.

자연은 시시때때로 변화하는데 어디 한곳에만 집중하라는 건 말이 안 돼요. 자연은 언제나 변화무쌍하잖아요. 내가 집착하는 것을 내려놓으면 돼요. 내 맘대로 하려는 것을 내려놓으면 돼요. 산만해도 된다는 거예요. 무언가를 꼭 안 해도 된다는 이야기예요.

자연을 보고 듣고 느끼고 맛보고… 광활한 자연에 가면 그것밖에 할 수가 없어요. 예전에 제가 히말라야에 간 적이 있어요. 무거운 가방 들고 맨날 걷는 것 외에는 특별히 할 게 없어요. 자연에 감탄하고 느끼고 내려오고 올라가고, 그것만 했어요. 그걸 하라는 거죠. 특별히 하는 게 없는, 그 상태에 머물라는 거예요. 자연 그 자체를 그대로 수용하고 인정하려는 것이 중요해요.

●

집 근처에 나가 발바닥에 의식을 집중하고 걷는데 공사장에서 시끄러운 소리가 나서 집중할 수가 없었어요.

지수화풍 속을 걸을 때는 발바닥이 땅에 닿는 데 의식을 집중하면 돼요. 발바닥에 의식을 집중하고 걷다 보면 소리도 나고 햇빛도 비추고 바람도 불어요. 그럴 때 내가 어디에 집중하겠다 하는 부분에 의식을 집중하면 돼요. 바람에도 지기가 있기 때문에 센바람은 딱딱 부딪치기도 하고 얼굴을 때릴 때도 있어요. 그럴 때는 바람에 집중해요.

　걸을 때는 걸음 자체에 집중하는 게 가장 좋아요. 걷는 명상은 땅의 지기를 받는 일이기 때문에 발바닥에 닿는 부분, 그 부분에 집중하는 게 기초예요.

　가다가 공사장 기계음이 들려요. 기계음이 너무 커요. 그럼 몸의 어떤 부분에 의식을 계속 집중하면서 기계음을 몸을 없애는 도구로 쓰면 돼요. 그렇지만 제일 좋은 건 기계음을 그냥 기계음으로 듣는 거예요. 기계음도 그대로 인정해 주는 거잖아요. 그대로 인정하는 그 소리가 내 마음의 어떤 부분을 건드려 주기도 해요. 그냥 듣다 보면 상당히 심층 내부를 깊게 건드리는 경우가 있어요. 건드려진 마음을 잘 알아차리세요.

　●

자연에 나가 걸으며 지성 관찰을 하니 더 무겁고 힘들어졌어요.

　업장이 가득한 상태를 보면 지성이 제일 많습니다. 물질에 대한 욕심이 다 지성이 되어 있어요. 관찰하면 어느 정도 사라지지만 다 사라지지는 않아요. 그때 산을 보고, 단단한 바위에 앉고, 땅 위를 걸으면 지성이 들어옵니다. 그러면 신기하게도 내 안의 지성이 더 선명하게 들여다 보이고, 마침내 없앨 수 있어요.

내가 관찰하는 것보다 자연의 지수화풍공식과 만나게 해서 끄집어내는 게 훨씬 더 쉽고 넓게 해 줘요. 대신 자연에는 정령精靈들이 있기도 해서 바깥의 신기神氣가 들어와 붙는 경우가 있습니다. 관찰력을 키우지 않은 채 자연에 나가면 신기 있는 사람들은 신기와 결합할 수 있습니다.

관찰력을 키워 자연에 나가 합일하면 괜찮습니다. 그때까지는 여럿이 가는 게 좋아요. 서너 시간 관찰하며 걸으면 몸도 마음도 무겁고 힘들어져요. 그렇지만 계속 반복하다 보면 무거움이 떨어져 나가요. 끝나고 목욕을 하거나 물에 몸을 담그거나 108배를 하는 것도 몸이 풀리는 데 도움이 됩니다.

● **어깨의 딱딱함을 관찰하는데 깊이 들어간다 싶으면 잠에 빠져요.**

거친 게 있는 상태에서는 관찰이 얕게 들어가요. 깊이 들어갈 때 잠이 오는 건 업장의 힘이 세고 내가 가진 관찰의 힘이 약하고 가늘어서 그렇습니다. 가늘면 깊이 들어가긴 하는데 자업 때문에 휘어져 계속 집중하기 힘들어요. 관찰의 힘이 길러져 강한 자아가 치워지면 잠은 사라집니다. 거친 업이 녹아서 마음이 좀 열리면 잠에 빠지지 않습니다. 그때까지는 의도를 내어 졸음을 견뎌야 합니다. 차를 한잔 마시거나 경행을 하다 다시 돌아와 관찰하는 것도 방법입니다. 많이 피곤하면 아예 조는 것도 방법입니다. 피곤이 어느 정도 풀리면 관찰이 더 잘돼요.

●

조이고 딱딱해지는 느낌이 많아요. 덥고 열나고 땀이 나요. 허벅지에도 다리에도 땀이 나요.

관찰되어 나타나는 현상입니다. 딱딱한 게 풀리면서 열이나 땀이 나기도 해요. 껍데기층으로부터 나오는 것이지요. 느낌으로도 카르마가 많이 나옵니다. 거친 카르마가 나올 때 눈물, 땀, 콧물, 기침, 가래, 때, 냄새, 통증으로 나오고 행위로도 영상으로도 나옵니다.

영상지(마음에 지장권 기록물들이 시각적 이미지로 풀려나오는 명상 현상)보다 센 것은 눈물, 콧물, 피, 가래, 때, 땀, 기름기 같은 물질이 배출되는 것입니다. 수행할 때 이런 현상이 나오는 게 나쁜 건 아니에요. 통증으로 나오는 것도 그렇습니다. 카르마 배출이지요. 막힌 게 뚫릴 때, 떨어져 나올 때, 엄청난 통증을 동반하기도 해요. 같은 건데 마음을 타고 있으면 감정으로 나오고, 몸을 타고 있으면 통증으로 나옵니다. 감정이 올라올 때 통증을 느끼기도 하는데 통증을 의식으로 관통해 보면서 통증을 수용하면 감정적인 카르마에서 해탈합니다. 몸에 통증이 있으면 통증에 집중해 관찰해 보세요. 통증이 사라진 뒤 감정을 보면, 흥분하고 화나던 마음이 줄어 있습니다.

●

형태는 없는데 몸이 조여들면서 불안한 느낌이 왔어요.

지성이 풀어질 때 나타나는 현상입니다. 불안은 지성이 흔들릴 때 나오는 감정이에요. 좁아지는 건 다 지성이에요. 조임도 지성, 작아지는 느낌도 지성, 두려움도 지성, 가려움도 지성입니다. 딱딱한 관념이 나올 때 가려움이 나오기도 해요. 마음의 단단한 금속성이 나오는 거예요. 가려움을 관찰하면서 지우세요. 긴장도 지성이니 관찰하면서 지켜보면 되지만 오래 지속되면 지우세요.

지성이 풀려 불안이 사라지면 몸이 따뜻해지기도 합니다. 지성이 화성으로 전환되는 것입니다. 열이 화성이잖아요. 눈이 딱딱하면서 열이 나면 열을 관찰합니다. 손이 딱딱한데 열이 나면 손이 아니라 그 열을 관찰하는 것입니다. 따뜻함은 옮겨 다녀요. 열기는 원래 옮겨 다니잖아요.

지성을 관찰할 때는 옮기지 말고 그대로 관찰합니다. 그런데 화성은 저절로 옮겨져요. 계속 변화하기 때문에 언제 옮겼는지 모를 정도로 빨리 옮겨집니다. 사람들은 화성을 관찰해 몸이 부드러워지면 계속 화성만 관찰하고 싶어 합니다. 화성을 관찰하다 지성이 올라오면 화성이 지성을 밀어냅니다. 그래서 몸이 부드러워집니다.

화성을 관찰하면 감정적인 것이 많이 풀립니다. 뭉쳤던 것도 많이 풀려요. 내 안에 따뜻함이 부족하면 다른 데서 따뜻함을 가져오려 합니다. 불을 피우거나 옷을 더 입지요. 나무들도 햇빛 쪽으로 몸을 뻗잖아요. 살려면 그럴 수밖에 없죠. 그런데 원래 자기 안에 따뜻함이 있습니다. 관찰하면 몸 안의 따뜻함이 느껴지면서 그 따뜻함 때문에 여유가 생깁니다. 편안함이 생깁니다. 그렇지만 열기가 퍼지지 않고 열이 뭉쳐 있으면 편안하지는 않아요. 답답하다고 느끼지요. 온몸으로 퍼져야 편안함을 느낍니다.

●

어지럼증이 올라와요.

지성이 풀리면서 생기는 것입니다. 종이를 태우면 재가 어지럽게 날아가잖아요. 속도감까지 있어요. 그것과 같은 이치입니다. 관찰하다 보면 어지러움이 일어날 때가 있습니다. 빨리하려는 마음까지 붙은 상태면 어지러움이 더 심해집니다. 어지럼증은 잘 살펴볼 필요가 있습니다. 강한 어지러움이 일어나면 몸이 쓰러질 수 있으니 관찰을 잠시 쉬고 조심할 필요도 있어요.

예전보다 잠이 덜 오는 건 지성이 좀 떨어진 건가요?

그렇죠. 지성이 떨어지면 잠이 덜 와요. 지성이 많으면 그걸 유지해야 하니까 잠을 자서 쉬어 줘야 합니다. 잠이 휴식이니 무거울수록 많이 자야 풀어져요. 지성이 떨어져 좀 가벼워지면 조금 덜 자도 빨리 풀어져요.

거친 것들이 떨어져 공간이 생기는 경우에도 관찰이 깊게 들어가고 잠이 안 옵니다. 피곤도 쉽게 풀리고요.

수행을 하니 평소에도 개운하고 자연스레 잠이 줄어요.

몸이 가벼우니 많이 자지 않습니다. 업력이 줄면 잠으로 피로를 푸는 데 많은 시간을 쓰지 않아도 됩니다. 또 자연환경이 좋은 곳, 공기 좋은 데 가면 여덟 시간 자던 사람이 예닐곱 시간 자도 충분합니다. 청정한 기운들은 깊이 들어오거든요. 피로가 빨리 풀려요. 공기질이 나쁘거나 탁하면 몸속 깊은 마음으로 많이 못 들어옵니다. 늘 피곤하다고 느끼지요.

●

지성이 도움이 될 때도 있어요?

계차별관 중에서 직접적으로 물질을 만드는 요소, 즉 지계가 도움이 될 때도 있습니다. 지성은 물질적인 것을 만들 수 있는 마음입니다. 색깔이나 형태 같은 것이 물질입니다. 지성은 고정되어 관찰하기 좋아요. 눈에 다래끼가 나면 눈에 의식을 집중하기 좋은 것과 같은 이치입니다.

예를 들어 마음이 심란한 거는 관찰해도 알기가 힘들어요. 고정되어 있지 않아 잡을 수가 없어요. 그래도 계속 관찰하면 줄어듭니다. 그렇지만 지성은 잘 보이고 잘 느껴져요. 단단함이 느껴지고 그 단단함은 지속됩니다. 뭉쳤을 때 일시적으로 느껴지는 것이 지성입니다. 몸을 이루는 마음에는 지성이 많아요. 그래서 몸 받았을 때 수행하라는 겁니다.

그렇지만 지성이 너무 많아 지성에 갇히면 흐르는 감정을 못 느낄 수도 있어요. 고정되어 있기 때문입니다. 지성이 많은 사람한테 슬픈 이야기를 하면 "그게 왜 슬프냐? 참 할 일도 없다." 그래요. 지성이 많으면 불쌍한 사람을 봐도 불쌍한지를 모릅니다. 대신 판단을 합니다. "너는 이러이러해서 슬픈 일이 생긴 거야." 하고요. 자기가 그러고 있는지 잘 보세요.

●

바다에 나가 파도 소리를 들었어요. 오로지 파도 소리에만 집중했는데 그렇게 하면 되는 건가요?

오로지 소리에만 집중해 듣는 방법이 있고 소리를 들으면서 몸에서 일어나는 반응에 집중하는 방법이 있어요. 몸의 느낌이 일어나는 곳에 소리를 끌어다가 의식을 계속 두는 방법은 앞서 설명한 부정관 방식이에요. 또 하나의 방식은 소리를 그냥 끝까지 따라가는 거예요. 끝까지요. 바다에 나가면 파도 소리가 저쪽에서도 나고 이쪽에서도 나잖아요. 그러면 아무런 의도를 내지 말고 소리에만 집중해 따라가 보세요. 소리가 여기서도 밀려오고 저기서도 밀려와요. 기러기 소리가 끼룩 끼어들기도 해요. 밀려오는 대로 그냥 들으세요. 피하지 말고.

그러다 보면 거기서 자기 것이 일어나잖아요. 생각이 일어나기도 하고 감정이 일어나기도 해요. 몸이 여기저기 쑤시기도 하고 졸리기도 해요. 그래도 계속 알아차리면서 소리를 따라가면 돼요. 한 시간이고 30분이고 소리를 따라가 보세요. 이런저런 생각이 일어나 소리를 놓칠 수도 있어요. 그러면 다시 생각을 내려놓고 또 따라가는 거예요.

●

학생들이 물소리를 들으면서 공부하는 건 어때요?

좋지요. 물질에 갇혀 물질적인 사고만 하거나 경직된 성격의 사람에게는 물소리가 좋습니다. 물소리를 들으면 시원해지고 유연해져 피로도 잘 풀리고 이해력도 높아집니다. 틈틈이 자연에 가서 물소리를 들으면 더 유연해져요. 풀어집니다. 파도치는 소리라든가 빗소리, 계곡물 소리 다 좋습니다. 물은 흐르니까 물소리의 속성도 유연하거든요.

●

공부할 때 물소리를 들으면 신경이 분산되어 공부가 안 될 것 같아요.

딱딱한 사람들은 그래요. 지성이 많은 사람은 물이 들어오면 지성이 무너지거든요. 그게 불안하고 불쾌할 수 있어요. 물소리가 유연성을 키워 주면 공부하는 데 좋습니다. 10시간 공부한다고 그게 다 머릿속에 들어오지는 않아요. 물소리를 들으면 마음이 이완되고, 여유가 생긴 상태에서 공부하니 더 잘되는 것이지요.

공부도 요령이에요. 딱딱한 상태에서 공부해 봐요. 외워지지 않습니다. 긴장되어 있으면 응용이 되겠어요? 안 그래도 딱딱한데 딱딱한 문자가 들어오니 안 될 수밖에요. 부모님이 자식한테 공부 잘하라고 혼을 내는 것은 잘못입니다. 외부의 압박에 놀라서 당장은 외우지만 곧 잊어버립니다. 강제로 학원에 보내는 것도 마찬가지로 오래 못 버팁니다. 마음이 꽉 차면 못 견뎌요. 오히려 바깥에서 뛰어놀다가 나중에 할 마음이 생길 때 공부하면 효과가 좋습니다.

사실은 내버려 두는 것이 제일 나아요. 어른들은 아이들을 그냥 내버려 두면 더 망치지 않을까 하는 마음에 불안해서 그러지를 못합니다. 그럴 땐 자기 관념을 내려놓고 놔두면 됩니다. 놔두면 마음의 물은 흐르게 되어 있어 자신이 저지른 잘못과 실수들은 자기 길을 찾아갑니다. 자연과 합일하는 교육이 이루어지면 한결 좋아질 것입니다.

●

저는 감정을 맛으로 느껴요.

감정에 색을 입히면 맛이 됩니다. 감정이 5미五味와 관련되어 있어요. 5계가 5미와 관련되어 있고, 5장五臟과 관련되어 있습니다. 매운맛은 맛이라고 볼 수 없습니다. 통각이에요. 센 기운들이에요. 매운 거 먹으면 팔짝팔짝 뛰잖아요. 그게 에너지고 감각이거든요. 매운맛은 우리를 자극합니다.

마음에 감정의 격차가 클수록 밋밋한 걸 싫어합니다. 맛도 마음과 연결되어 있어요. 센 마음은 강렬하고 분명한 맛을 좋아합니다.

색깔도 분명한 것을 좋아해요. 감정이 세게 올라올 때 관찰하면 영상도 강렬한 게 나옵니다. 3D로도 나와요. 센 것들은 관찰하면 진짜처럼 나옵니다. 그게 옅어지면 연해지고 순해지고 2D로 나와요. 더 연해지면 표면화되거나 돌출되지 않고 희미하게 나옵니다.

●

외부의 화성을 받아들여 번뇌를 태우거나 없앨 수도 있나요?

번뇌가 뻗칠 때는 태워지지 않습니다. 번뇌에 시달릴 때 외부의 화성을 관찰하면 번뇌가 더 심하게 나오는 경우도 있어요. 번뇌는 곧 에너지거든요. 태양을 많이 쬐면 에너지가 활성화되어 번뇌가 더 많아지는 사람도 있습니다.

먼저 부정관을 해서 번뇌를 일으키는 물질적인 요소를 어느 정도 없애는 게 좋아요. 그러고 나면 지수화풍공식이 더 잘 느껴집니다. 그럴 때 바깥의 화성을 관찰하면 안의 것이 녹아요. 어느 정도 털어져 마음속에 있는 지수화풍공식이 관찰되면 외부의 화성이 겉으로 드러난 온갖 화를 살라 버립니다. 같은 요소끼리는 충돌을 하거든요. 바깥의 화성에 집중하면 외부의 화성이 안의 화성을 찾아내 없애 줍니다. 그래서 내외로 관찰하는 것이 좋아요. 내외가 동일한 구조에 있거든요.

●

명상할 때 평소 아픈 데를 관찰해야 하나요, 아니면 반응이 올라오는 곳을 봐야 하나요? 평상시와 명상할 때 아픈 곳이 달라요.

명상하고 앉아 있을 때 아픈 데를 봐야지요. 앉아 있을 때 반응하는 곳이 일상에서 반응하는 곳보다 더 정확합니다. 앉아 관찰할 때 반응하는 게 원인에 가까운 반응이에요. 평소에는 오른쪽 다리가 아픈데 관찰할 때는 왼쪽 다리가 아픕니다. 왼쪽 다리가 더 깊은 원인일 수 있어요. 업의 마음은 위장할 수가 없어요. 나오고 싶은 대로 나옵니다. 몸을 관찰해서 마음으로 들어가는 거라 몸속 마음은 그날그날 반응이 다를 수 있어요.

●

죽기 전에 병 걸려서 고생하는 것도 업장이 나가는 건가요?

보통 업장이 나갈 때 고통을 동반합니다. 병에 걸려서 고생하는 것도 업장이 나가는 거라고 할 수 있습니다. 그때 '아픈가 보다' 하는 게 아니라 '억울해. 내가 왜…' 하면, 나가는 걸 가져다 또 붙이는 것입니다. 통증과 병이 나쁜 것이라고 인식하는 순간 이것들은 모두 업이 됩니다. 통증 자체는 그냥 자연 발생적인 겁니다. 무아로 가는 과정에 존재합니다.

●

통증이 일어날 때 통증이라 생각하지 않고 분별하지 않으면, 그게 통증과의 합일인가요?

통증이 일어날 때 통증을 관찰하면 합일되기 때문에, 통증의 실체가 옅어집니다. 통증을 분별하지 않기 때문입니다. 통증을 알아차리면 통증이 있어도 문제가 되지 않습니다. 알아차리면 통증도 업도 사라집니다.

●

통증을 싫어하는 사람은 통증이 더 오래가겠네요?

그렇죠. 인정하는 것이 낫습니다. 인정은 그냥 바라보는 것입니다. '아파서 싫어' 그러는 게 아니라, 지혜의 불빛을 그냥 계속 두고 있는 것입니다. 그러면 스스로 그냥 알아차려요. 지혜는 거울 같은 것입니다. 거울 앞에 서면 알잖아요. '아, 내가 지금 빨갛구나. 곱슬머리구나. 예쁘지는 않구나' 하고요. 통증도 사라질 것을 기대하지 말고 그냥 지켜보는 게 낫습니다. 그게 오히려 통증 극복에 도움이 됩니다.

●

그럼 통증을 싫어하는 마음은 뭐예요? 외면하는 무지업인가요?

무지업이죠. 집까지 버스로만 간다고 생각하는 게 무지입니다. 지하철로 갈 수도 있고 걸어서 갈 수도 있어요. 그걸 아는 게 지혜잖아요. 이렇게 가나 저렇게 가나 똑같아요. 한 가지 방법만 고집하는 것이 무지입니다. 다른 길을 몰라요. 어떤 것도 다 가능한데 자기 방식만 옳다고 강요하는 게 무지입니다. 우리의 마음에 무지가 산처럼 쌓여 있어요. 관찰해서 떨어져 나갈 때 통증이 일어나기도 합니다. 그러니 통증은 나쁜 게 아닙니다.

●

수성과 화성이 퍼져 있는데 고정시켜야 한다고 저도 모르게 잡았어요. 그러니까 지성이 자꾸 튀어나오는 느낌이에요. 순수하게 '수'를 감지하거나 열을 감지하는 게 안 돼요.

그래도 화성에 집중해 화성을 관찰해 보세요. 따뜻함이 느껴지는 데를 관찰하면 그게 순수한 화성입니다. 보통 지성하고 섞여 있습니다. 처음에는 순수하게 한 가지만 관찰하기 힘들어요. 물질업이 다 떨어진 상태가 아니기 때문입니다. 그러려니 하고 계속 관찰하세요.

●

'화가 올라오는구나' 하면서 화나는 것을 보고 있었어요. 그런데 한순간에 놓쳐요.

놓치기 때문에 우리가 앉아서 훈련하는 것입니다. 현실에서 놓치지 않고 다 관찰되면 좌선할 필요가 없어요. 현실에서 관찰이 되고 컨트롤이 되면 굳이 좌선을 할 필요가 없지요. 좌선은 마음을 고요하게 가라앉혀 마음의 실체를 꿰뚫는 데 유리한 방법입니다. 걷거나 말하거나 일할 때 마음이 더 깊이 관찰되기도 합니다.

좌선이 기본입니다. 좌선을 해서 약간 뚫어 놔야 현실에서 감정이 일어나는 걸 알아차리고 내려놓을 수 있습니다. 좌선해서 기본기를 갖춰 현실에 적용하는 것입니다. 일할 때도 적용하고, 감정이 일어날 때도 적용합니다. 호떡집에 불난 것처럼 격하게 타오르는 상태에서는 관찰이 어려워요. 어떤 사람과 어떤 상황에서 어떤 일로 감정의 불이 일어나는 건 강한 인연 카르마가 있다는 것입니다. 그걸 잘 보려고 노력해야 합니다.

밥 먹을 때 누가 숟가락을 갖고 나타나서 화가 난다면 그 순간 그 마음을 보려고 노력해야 합니다. 노력하지 않으면 안 보여요. 물질적인 욕구 때문에 마음이 올라온다면 그때의 마음을 보는 것입니다. 우리는 대부분 자기 존재감이 드러나야 기분이 좋잖아요. 존재감이 없어서 행복하지 않다면 내 존재감이 드러날 때 그런 나를 관찰해야지요.

바람이 무엇을 알려 주나요? 구름은 무엇을 알려 주나요?

바람이 어디서 왔는지 알 수는 없어도 불고 있잖아요. 머물지 않고 가잖아요. 우리 마음도 머물지 않고 가면 얼마나 좋겠어요. 바람이 그걸 알려 준다는 거예요. 듣고 의식하고 알려 하고 부딪치고 하면 바람이 알려 줘요. 그래서 알 수 있는 마음이 풀어지고 확장돼요. 구름도 그래요. 30분이고 1시간이고 한번 봐 보세요. 생겨났다, 흘러갔다, 흩어졌다, 뭉쳤다, 풀어져요. 우리 사는 것도 그래요.

살면서 가장 중요한 게 여유로움의 공성이잖아요. 공성이 없으면 답답해요. 무엇도 들일 수가 없어요. 비어 있어야 들어갈 수가 있잖아요. 공성은 모든 걸 품어요. 가끔은 공성에게 너무 고마운 거예요. 언제나 그냥 나를 폭 안아 주고 있는 게 공성이에요. 쉴 수 있는 공간을 제공해 주는 게 공성이에요. 그런데 내 안에 공성을 얼마나 확보하고 있는지 한번 보세요. 대상을 얼마나 받아 줄 수 있는지, 긍정성이 얼마나 있는지 한번 보세요. 내가 정말 힘들 때는 대상을 하나도 못 받아 주겠잖아요. 근데 우리 본래 마음이 그렇지는 않거든요.

이 조그만 나(개아)가 얼마나 강력한지. 있는데도 거부하고, 보여 주는데도 보지 않고, 들려주는데도 듣지 않잖아요. 이 종합적인 것이 자연에 많거든요. 개인적인 것보다 자연에서 만나는 것이 마음 확장에는 도움이 돼요. 자연이 주는 것이 훨씬 많아요. 자연 명상할 때만은 시간도 정하지 말고 그냥 있어 보세요. 그냥 있다 보면 나도 모르게 자연에 휩쓸려서 열게 돼요. 그게 자연 명상의 혜택이에요.

●

바람을 좋아하는 사람은 어떤 사람이에요?

지성에 집착하지 않는 사람이 바람을 좋아합니다. 답답한 게 많은 사람도 바람을 좋아해요. 바람이 불면 가벼워지잖아요. 욕심 많은 사람은 돈 같은 지성을 좋아합니다. 외로운 사람은 햇빛을 좋아해요. 정에 이끌리고 사람을 좋아해요. 흔들리는 사람은 지성을 좋아합니다. 지성이 많은 사람과 고집 센 사람에게 끌리는 경우가 있어요. 자기가 흔들리니 안정되고 단단한 사람이 필요하거든요.

어떤 사람은 비어 있는 걸 좋아합니다. 비어 있는 걸 좋아하는 사람의 흔들림은 풍성에 가까워요. 바람의 속성 자체가 흔들림이잖아요. 지성이 무너질 때도 심하게 흔들립니다. 지성이 무너질 때 열성도 동반하지만 풍성을 많이 동반하거든요. 그래서 두려우니 지성을 잡는 부작용도 생깁니다.

●

생각이 내 안에서 올라오는데 '내가 생각을 하는구나' 하고 알아차리니 없어져요. 허공에 집중하면 생각이 잘 일어나지 않아요.

내가 허공을 보고 있는데 어떤 생각이 들면 그것이 허공에서 나왔다고 생각할 수도 있어요. 그런데 실제로 생각을 잘 들여다보세요. 생각이 나한테서 나왔다고 인식해요, 허공에서 나왔다고 인식해요? 내 안에서 나오잖아요. 그러니 허공에 집중하면 생각이 줄겠죠. 허공을 관찰하는 것은 어려워요. 어려우니 연습하는 거예요.

●

허공을 보고 있었더니 허공이 몸으로 밀려들어 와요.

원래 나도 허공이니 현상은 없어요. 본질이 밀려들어 오는 마음의 착각이지요. 허공은 작용이 없습니다. 밀려들어 오는 마음이 일어난 것입니다. 잘 보세요. 허공만 보면 밀려들어 오는 마음이 없습니다. 내 안에서 뭔가 작용하는 것입니다. 허공은 분별이 없어요. 어떤 작용도 없습니다. 작용이 일어나는 것을 잘 보면 다 내 안에서 일어난다는 것을 알 수 있어요.

●

순간 한 생각이 뚜렷해지면서 몸에서 일어나는 증상이 이해됩니다.

'내 몸의 반응들이 이런 생각 때문이었구나' 하고요.

그건 판단하고 분별하는 것입니다. 내 생각이지 몸의 증상이 왜 그런지는 몰라요. 그러니 현상만 보고 판단하지 말아야 합니다. 혼자 판단하고 분석하고 이야기하면서 기승전결을 만들지 말라는 것입니다.

생각을 붙이지 말고 그냥 바라보세요. 몸의 증상에 마냥 집중하고 있으면 됩니다. 몸 깊숙한 곳에 의식을 대는 것도 좋지만 몸과 약간 떨어진 바깥에 대고 있어 보세요. 공성을 보고 식성을 볼 수 있어요. 그럴 때 생각하는 식성이 더 잘 보입니다. 몸속에 들어가 너무 집중하면 몸과 의식이 섞여서 인식하는 것이 안 보일 수 있어요. 의식이 몸의 물질층과 섞여 있기 때문에 오롯한 생각 자체를 모를 수 있습니다.

●

생각을 보다가 생각을 따라가고 있어요.

바로 끊고 알아차리세요. 생각이 일어나나 안 일어나나만 보세요. 그러다 '그때 이런 일이 있었지…' 하면 생각이 따라온 거잖아요. 그때 그 현상을 알아차리고 바로 집중하면 생각이 사라지게 돼 있습니다. 집중하면 생각이 잘 안 떠올라요. 떠오르는데 알아차리면 그냥 사라져요. 바로 이것을 연습하는 거예요. 그걸 연습하는 게 중요합니다. 생각 관찰을 하다 보면 생각이 사라져요. 생각이 사라지면 번뇌가 사라져요.

●

감정이 동반되는 생각이 일어나니 무서워요.

그런 것이 경험입니다. 계속 보면 감정이 떨어져서 무서움이 사라져요. 그래서 연습을 하는 것입니다. 식 관찰을 해야 하기 때문에 이렇게 연습하는 거예요. 생각을 관찰하다가, 나타나는 몸 현상을 봤다가를 반복하면 생각이 점차 정리되어 갑니다. 생각을 잘보세요. 생각은 오래 지속될 수 없어요. 생각은 뜬구름과 같아요.

●

생각과 감정이 구분이 안 돼요.

생각은 여러 개를 동시에 할 수도 있고, 무겁게 할 수도 있고, 강렬하게 할 수도 있어요. 그러다 의욕이 튀어나올 수도 있어요. 감정으로 쌓여 나올 수도 있고. 감정도 가만히 보면 감정 아닌 것들이 섞여서 몰려 올라오기도 해요. 훅 나오는 생각도 있고 고구마 줄기처럼 줄줄이 생각들이 얽혀 있기도 해요. 그 감정이 생각인지 감정인지 보통은 구분이 안 됩니다. 감정이 생각인지 에너지인지 열인지 움직임인지 물질인지 구분 안 되잖아요. 입자 같은 것도 있고 뭉쳐 있는 것도 있지만 그냥 홀연히 나타났다 사라지기도 해요. 생각이 많아서 그래요. 줄어들면 나중에는 구분할 수 있어요. 생각이 뭉쳐 있다 홀연히 흩어진 그 자체를 생각이 없다고 하는 거예요. 생각은 인식의 범주입니다. 생각 너머에는 생각이 일어나지 않는 무념무상의 자리가 있습니다. 그런데 그 자리는 실체가 없어요. 감정도 그 실체가 없는 것은 분명한 이치입니다.

●

허공을 보다 눈을 관찰했는데 끈끈한 것이 나와요. 나의 마음 때문에 그런 건가요?

허공에 내 마음이 붙어 *끈끈이*의 형태로 나온 것입니다. 허공을 봐도 *끈끈이*가 나와요. 더 많이 나올 수도 있어요. 허공이 마음속 물질층을 건드린 거예요. 허공이 자극해서 내 마음이 나온 거지요.

●

생각을 계속 관찰하다가 생각의 본질에 대한 의문이 올라올 때는 어떻게 하나요? 그 생각을, 의문을 버려야 하는 건가요?

둘 중 하나를 선택하세요. 의문을 버리든지 아니면 그 의문을 갖고 생각이 뭔지 궁구해 알아보든지 하세요. 그 의문을 갖고 생각이 뭔지를 아는 게 화두고, 의문 그 자체를 버리는 게 위빠사나입니다. 더 잘되는 것을 하면 됩니다. 계속하다 보면 그게 뚝 끊어진 자리가 있습니다. 뚝 끊어져 판단 분별이 모두 끊어집니다. 그럴 때 화두도 끊어지고 대상도 끊어져요.

●

부정적인 생각을 하는 스스로가 싫어요. 생각을 관찰할 때 자꾸 '긍정적인 생각을 해야지' 하고 마음먹는데, 그럴 때는 의도를 관찰하나요, 부정적인 생각하는 것을 관찰하나요?

부정적인 생각을 관찰하는 게 기본입니다. 관찰력이 좋아져 부정적으로 생각한다는 것을 알아차리면 부정적인 생각이 끊어집니다. 그런데 현실에서 카르마가 강하게 드러날 때는 그게 안 됩니다. 관찰해도 부정적인 생각을 계속합니다. 부정적인 생각이 불길같이 일어나니 끊는 방법들을 쓰는 것입니다. 머리를 탁 치거나 찬물에 머리를 담그는 것도 방법이지요. 가장 좋은 건 부정적인 생각을 하는 나 자신에게 집중해 보는 것입니다. 그게 연습이에요.

부정적인 카르마가 마음 껍데기층에서 조금이라도 떨어져 나가야, 부정적인 생각을 하는 내가 보입니다. 내가 보이고 분노가 보입니다. 어떨 때는 색깔도 보여요. 빨간 분노 덩어리가 물질계처럼 펼쳐진 게 보여요. 생각들이 보여요. 생각도 보고 감정도 보려면 마음을 관찰해서 껍데기층이, 물질층이 좀 벗겨져야 합니다.

마음이 객관화되어야 합니다. 부정적인 생각이 많으면 무조건 사마타해서 어느 정도 제거해야 합니다. 사마타가 번뇌를 끊어내요. 그런데 보통 분노가 있으면 부정적인 생각에 빠지고 다음 생각을 부풀려 더 화를 냅니다. 하루 종일 끌려다니다 밤에야 알아차려요. 업장 놀음에 끌려다닌 것을요.

중요한 것은 그때그때 알아차리는 것입니다. 부정적인 생각에서 벗어날 수 없으면 방편을 써도 됩니다. 잠시 고양이 생각을 해도 좋고 드라마 생각을 해도 좋아요. 부정적인 에너지가 강할 때는 좌선이 안 돼요. 부정적인 카르마가 그런 에너지를 양산하거든요. 걷거나 절하거나 목욕을 하거나 물리적인 행위를 해서 일단 힘을 빼야 합니다.

만트라도 좋습니다. 만트라도 힘을 쓰는 거거든요. 만트라를 계속하면 힘이 나가면서 부정적인 것이 좀 치워집니다. 그러면 강한 카르마의 작용이 가라앉아요. 오랜 시간 집중해서 수련을 하면 하나하나 제거됩니다. 집중에는 밀어붙이는 힘이 있어요. 몇 날 며칠 하면 마음이 계속 관찰되면서 떨어져 나갑니다.

●

허공을 보다 보니 시원함이 느껴져요. 그럴 때는 어떻게 하나요?

그냥 허공만 보세요. 시원함을 느낄 수 있지만 순수한 의식은 공에 있습니다. 일부는 몸으로 느끼더라도 집중은 허공에다 하는 것입니다. 저는 방법만 가르쳐 드립니다. 이렇게 저렇게 하라고 자꾸 알려 주면 고정 관념이 생겨요. 말로 표현하다 보니 말이 상을 갖게 돼요.

바라보고 내려놓고, 다시 바라보고 내려놓고 인식하다 보면 그것과 상관없는, 늘 있는 순수한 그 마음이 나옵니다. 올라가려 하고 붙으려 하는 것은 진짜가 아닙니다. 업식이 작용하는 것입니다. 생각, 의도, 감정도 가짜입니다. 그런 것에 현혹되면 안 돼요. 다 가짜입니다. 뻥 뚫리고 이런 것도 가짜, 뭐가 바깥에서 확 밀려오는 현상도 모두 가짜입니다.

●

물질을 활용해 의식을 확장하는 방법도 있나요?

물질을 통해서 의식을 확장하는 건 마음 측면에서 보면 껍데기 층에 해당합니다. 여행을 가거나 유학을 가면 보는 세계가 넓어지니 의식이 확장될 수 있어요. 의식이 많이 확장되어 있거나 이해력이 뛰어난 사람은 그렇게 마음층까지 들어갈 수도 있습니다.

그런데 의식이 확장되지 않는 경우가 많아요. 외부의 환경을 통하여 마음이 떨어지는 게 아니라 오히려 붙어서 그래요. 더 좋은 곳, 더 화려한 곳, 더 뛰어난 곳에 가서 배우고 싶은 욕구가 생기거든요. 이것이 또 의식 확장을 막아요. 수행을 통해서 대상하고 자연하고 합일해 의식을 확장시키면 이해가 넓게 작용하는 승해 층이 더 많이 열립니다. 해탈의 즐거움을 맛봅니다.

●

경전 공부를 많이 해서 의식을 확장시키는 것은 어떤가요?

사람들이 지식을 쌓아 의식이 열린다고 하는 건, 문자 알음알이로 열리는 것입니다. 어느 정도까지는 도움이 됩니다. 그런데 공부를 너무 많이 하면 다른 곳이 막히는 경우가 많아요. 문자에 막히는 것이죠. 문자에는 그 단어에 맞는 틀이 있습니다. 틀 안에서 사고하게 만들지요. 알고 있는 고정된 지식이 의식의 확장을 막아요.

문자가 들어올 때는 열고 닫는 걸 잘해야 문자업이 안 생깁니다. 문자로 된 지식에 막히면 오히려 더 답답한 데가 많아요. 앞에 가로막혀 더 이상 열리지 않거든요.

●

내가 태어나 보니 이미 산과 강과 나무가 있었어요. 내 마음의 반쪽이 나가 자연을 만들었다는 게 무슨 의미입니까?

자연의 산과 강과 나무를 일러 '공업'이라고 합니다. 내가 일으킨 단단한 지성의 마음과 흐르는 수성의 마음과 열나는 화성의 마음과 흔들리는 풍성의 마음은 다 내 안에 저장되지 않습니다. 그중 일부는 밖으로 나가게 되지요. 다른 사람들의 마음 작용도 각각 개인의 마음을 만들기도 하지만 일부는 밖으로 나가게 되어 있어요. 존재하는 모든 것들의 마음은 일부가 밖으로 나가요. 모든 살아 있는 존재의 마음이 만든 '자업' 일부가 밖으로 나가 만든 것이 공업이며 이 공업의 대표적인 것이 자연입니다. 그래서 내 마음의 반쪽이 나가 외부가 된 것을 자연이라고 하는 것입니다. 지금 나간 내 반쪽의 마음이 자연의 변화를 가져오겠지요.

●

저는 수행을 많이, 오래 했는데 왜 고쳐지지 않나요?

습관이 많아서 빨리 안 고쳐집니다. 생사를 반복한 마음이 들어차 빨리 안 고쳐집니다. 그러나 한순간 수많은 마음이 와르르 나오기도 합니다. 노력해서 반드시 털어 내야 할 게 지옥입니다. 단단함 그 자체로 움직이지 않는 게 지옥이에요. 지옥에 살았던 기억도 있잖아요. 그 기억 때문에 지옥 같은 행위를 합니다. 지옥의 마음이 많으니 지옥에서처럼 행동하다 지옥으로 가는 것입니다. 그래서 고정시키면 안 됩니다. 지옥의 마음은 스스로 없애지 못하니 남이 고통스럽게 파괴시켜 줘야 합니다.

내 주변에서 나를 괴롭히는 사람이 많다면 지옥 마음이 많을 확률이 큽니다. 스스로 못 보니 대신 보여 주는 거예요. 현실이 표증입니다. 현실이 내 마음을 알려 줍니다. 인연 관계가 다 내 마음의 발현입니다. 그 관계를 통해서 나를 보는 것입니다. 사기꾼이 내 재산을 가져가면 억울합니다. 그러나 사기꾼 때문에 내 마음을 발견할 수 있습니다. 뭐든 그냥 오지는 않습니다. 내 마음에 맞잡는 게 있어서 오는 것입니다.

'빨리해야지' 하는 것은 욕심이에요. 그게 또 단단함을 만듭니다. 어떤 사람은 수행도 당장 끝장내야지 하고 달려드는데 당장 안 끝납니다. '이게 뭔데 이렇게 힘들게 하나' 하면서 여유 있게 마음을 들여다보는 것이 필요합니다.

수행도 당겼다 났다 밀당을 잘해야 합니다. 너무 밀어붙이면 업이 숨어 버려요. '네 몸에 들어와 너를 차지하려고 수십억 겁 노력했는데, 나를 공격해?' 하면서 업이 버티기를 합니다. 내가 살아 있으면 업도 살아 있고, 죽었을 때는 업도 쉽니다. 몸이 있으면 업을 계속 돌리는데, 수행은 반대로 돌렸던 걸 풀어내는 것입니다. 업을 반대로 돌리는 것, 풀어내는 것이 수행입니다.

●

물질은 나쁜 건가요?

우리나라는 거친 현대사 속에 물질이 없어 고통받은 경험이 있어 물질을 너무 키워 놨습니다. 물질을 중시하다 못해, '돈이 인격'이라고 하는 부작용을 낳았습니다. 다들 돈을 더 벌려고 애를 씁니다. 무지업이 물질업으로 쌓이게 되면 더 강하게 드러납니다. 위험한 것입니다.

반면에 어떤 사람은 노력도 해 보지 않고 "아휴, 물질 필요 없어." 그럽니다. 우리는 몸을 갖고 살아야 하는 존재라 물질이 필요합니다. 물질은 얻으려 노력해야 얻을 수 있습니다.

공도 운영할 줄 알아야 하지만, 물질도 운영할 줄 알아야 합니다. 물질도 반은 색이요, 반은 공입니다. 물질을 이렇게 저렇게 돌릴 줄 아는 게 지혜입니다. 물질을 물질로만 생각하면 물질적인 인간이 되는 것입니다. 욕구만 굴리면 욕구만 따라가는 거잖아요. 수행할 때 가끔 오후불식, 단식을 해보는 것도 그래서입니다. 먹는 욕구가 떨어지면 사는 게 퍽 여유로워집니다. 비면 빈 데서 느껴지는 자유로움이 많거든요. 그걸 알자는 것입니다.

더 나가면 수행도 수행 안 함도 같은 것입니다. 수행하는 사람들은 대개 수행을 잡는데, 나중에는 수행을 잡는 마음도 내려놔야 합니다.

●

원래 지혜 공성은 우리 안에 있는 거라 닦을 필요가 없다는 이야기를 들

었어요. 정말인가요? 그런 사람이 있는 반면에 갈고 닦아야 자비심이라도 갖게 되고 확장되는 사람도 있잖아요. 원래 인간 존재가 가지고 있는 선한 본성이 자연스럽게 발현되려면 갈고 닦는 것이 맞지 않을까요? 현실적으로 그것밖에 없지 않나요?

그런 방법도 있고 놔두면 저절로 해결되는 방법도 있어요. 수행 안 해도 된다는 게 이치 안에 들어가 있어요. 화내는 사람에게 "왜 화가 났나? 참아라." 하고 어르고 달래는 것은 닦는 방법이에요. 해결에 도달할 수도 있어요. 그런데 그냥 봐주고 시간이 지나면 풀리기도 해요. 그건 닦지 않는 방법이에요. 두 가지 다 가능하다는 이야기예요. 어느 게 옳다고 이야기하는 게 아니라 다 인정해 주자는 이야기예요. 좌선은 닦는 법에, 자연 명상은 닦지 않는 방법에 가까워요. 자연 명상과 좌선을 굳이 분리하자면요.

더러운 때를 닦았어요. 세상은 또 더러워지는 게 속성이에요. 그래서 안 닦기도 해요. 안 닦으면 덕지덕지 있다가 저절로 떨어져 나가기도 해요. 수행에는 우도와 좌도가 있어요. 우도는 고상한 방법이에요. 좌선을 해서 마음의 본성을 닦으며 가는 거죠. 좌도는 무엇이냐면. 생활 속에서 겪으면서 가는 거예요. 그것은 대해로 물이 들어가는 것과 비슷해요. 바다로 온갖 물이 들어가서 저절로 자정 능력이 생겨요. 모이고 커지면서 자정 능력이 섞이는 거죠. 그런데 들어갈 때부터 "이렇게 들어가. 저렇게 들어가." 하고 만드는 거예요. 그것도 수행의 한 방법이에요. 또한 다 들어가서 짠맛 한 맛을 이루도록 그냥 놔두는 방법도 있다는 거예요. 인생을 살아 보면 그냥 놔두는 방법도 맞을 때가 있어요. 그래서 두 가지를 다 인정하는 것이 바람직해요. 어떤 경우는 닦지 않는 경우가 더 나을 수도 있어요. 본질적으로 그래요.

●

닦지 않는 게 나은 경우는 어떤 경우예요?

그냥 이렇게 구르고 저렇게 구르다 아는 거예요. 이치를 배워서 목표를 세워서 아는 게 아니라 이런 경험하고 저런 경험하고 이런 실수하고 저런 실수하다 보면 아는 경우가 있어요. 프로그램대로 안 해도 저절로 아는 경우도 있어요. 꼭 그렇게 틀에 넣어서 하는 게 수행은 아니라고 보는 것이 저의 관점이에요. 이렇게 저렇게 하다 보면 돼요. 그런데 우리는 항상 생각을 통해 구조적으로 짜인 틀 안에서 살아야 하기 때문에 그걸 인정하는 게 어려워요. 그래도 마음은 그렇게 되어 있어요. 수행하든 안 하든 같아요. 수행하는 사람만 불성을 아는 건 아니에요. 수행 안 한 사람도 알 수 있는 확률이 똑같아요.

안 해도 돼요. 근데 왜 하냐면 힘들어서 한다는 거예요. 내가 힘들어서 하는 것뿐이에요. 그게 정답이어서 하는 건 아니에요. 정답은 없어요. 이치가 그래요.

●

멋대로 살아서 주변이 고달파요. 이런 상황에는요?

그 사람도, 그렇게 고달프게 하는 것도, 하나의 꽃인 것처럼 인
정하면 된다는 거죠. 세상에 좋은 사람만 있어야 한다고 생각한
다면 세상은 좋은 사람 나쁜 사람으로 갈라지게 되어 있어요. 만
약에 악인이 잘못을 하면 온갖 사람들이 그 사람에게 돌팔매질을
해요. 그러면서 다른 사람들은 그런 짓을 안 하게 돼요. 악인도 역
할이 있더라는 거죠. 온갖 사람들의 온갖 욕을 다 듣잖아요. 그 사
람 자체로 그 사람은 또 자기 할 일을 하는 거더라고요. 그 사람이
없었으면 나의 불평불만을 어디 가서 던지겠어요.

그것도 사마타거든요. 던지는 거잖아요. 내 마음을 던지는 거잖
아요. 그 사람도 엄청난 욕을 받아들여요. 진리를 알게 되면 어느
하나도 어떤 미물도 다 존재 이유가 있다는 거죠. 내 잣대, 내 기
준으로 옳고 그르다 할 것 없어요. 가만히 보면 내 잣대, 내 기준
으로 판단할 뿐이지 그 자체로 '사실'은 굴러갑니다.

우리는 그게 안 되니까 자기 마음을 보는 거예요. 보면 볼 만해
져요. 수행을 오래 하다 보면 그건 가능해져요. 마음이 일어났는
데 내가 일으킨 것은 알아요. 적어도 저걸 고쳐서 어떻게 하겠다

는 마음은 들지 않죠. 어쩌다 들기도 하지만 내가 일으켰다는 건 알아요. 상대방을 그냥 인정하면 되잖아요. 뒤집어져 자든, 무슨 말을 하든, 어떤 삶을 살든. 그냥 그렇게 살면 되는데 거기서 감정을 일으킨 건 나잖아요.

우리 집 아이가 몇 년 동안 집에만 있었어요. 맨날 늦게 일어나고 기타 조금 쳤다가 뭐 시켜서 먹고 친구도 안 만나요. 내가 답답했어요. 답답해서 어느 날 보니까 애는 안 답답해요. 물어봤어요. "몸은 괜찮아?" 괜찮대요. 내가 틀을 가지고 있어서 답답했던 거예요. 자식이잖아요. 자식에 대한 의무가 있으니까요.

동네 애가 그러면 훨씬 편할 것 같아요. 내 새끼가 그러니까 힘든 거죠. 어느 나이까지는 그 아이를 책임져야 하는 부모잖아요. 그런 관념 때문에 내가 애를 못 보는 거예요. 그 순간 나를 봤어요! 내가 '볼 만큼은 봤다'고 생각하는 거예요. '나는 그래도 잔소리 안 하고 몇 년은 봤어' 하는 생각을 하고 있더라고요. 몇 년을 봤다고 생각했는데 속으로는 못 보고 있었던 거지요.

내가 못 보고 있는 걸 딱 보고 내려가는 순간에 자유로워지더라고요. 하루 24시간 집 밖에 있든 집 안에 있든, 목적이 있든, 한량처럼 건들거리든, 내 마음 내려놓으니 수월해요. 그 뒤에 군대도 1년 재수를 해요. 군대 재수할 때는 볼 만하더라고요. 스트레스 안 받더라고요. 그래서 내 마음이라는 걸 알았어요.

그럼에도 불구하고 우리는 왜 수행을 해야 하나요?

자연은 고정되어 있지 않아요. 자연에 나가면 그런 걸 배워요. 자연에서 깨달음을 얻으면 모든 대상을 인정할 수 있어요. 내 괴로움이 나를 괴롭히는 거지, 대상이 나를 괴롭히는 건 아니에요. 내가 내 덫에 걸려 헤매는 겁니다. 그래서 수행이 필요해요. 나를 구제하기 위해서요. 그렇지만 강요할 것은 아니라는 거죠.

내가 나를 내려놓는 게 수행인 것 같아요. 내가 나를 내려놓으면 어디 가서나 대상을 수용하는 마음이 많아져요. 그것만으로도 엄청난 파급 효과를 가져와요. 누가 쓸데없는 말을 해도 수용하고, 분별하거나 잣대를 들이대지 않아요. 그래도 여전히 쉽지 않아서 어떨 때는 수행하지 않는 사람들은 어떻게 살까 걱정될 때도 있어요.

그러다 어느 날은 수행하지 않는 사람들에게 배워요. 생활 속에서 얻는 것도 만만치 않거든요. 직장인들은 맨날 빽빽한 차를 타고 출퇴근하고 상사한테 궂은 이야기 들으면서 살아요. 자영업자들은 아침부터 밤까지 엄청나게 일하며 사람들에게 필요한 것을 제공해요. 넓게 보면 그것도 수행이고 사마타예요.

나이 들어서 보니까 '우리 엄마, 아버지가 참 훌륭하게 사셨구나' 하고 느껴요. 수행하는 우리가 그분들이 턱턱 던지는 한마디에 감탄하잖아요. 진리를 이야기하거든요. 그분들도 수행하는 거예요. 수행이라는 틀을 내려놓으면 그분들도 수행 기법을 어느 정도 쓰고 있다는 걸 알게 돼요.

누구나 지혜를 장착하고 있기 때문에 나름대로 상황을 수용해요. 의식의 끝에는 지혜가 장착되어 있어요. 그래서 사람들도 다 알아요. 우리는 이 사람한테 배워야만 진리라고 생각하잖아요. 아니에요. 애들이 하는 이야기 속에서도 배울 때가 많잖아요. 마음이 열리면 그렇게 돼요. 그런 상황에서 모든 게 불성이고, 모든 게 공성이라고 하는 거예요.

어느 한 가지 방법만 고집할 필요는 없어요. 공성이 그걸 알려줘요. 수용하면서 모든 것을 인정하는 것이 공성 수행이에요. 진짜 공성은 내가 현실에서 다 수용하는 거예요. 그런데 우리는 공성을 보는 게 수행이라고 해요. 착각하는 거지요. 수행만이 최고의 진리를 추구하는 게 아니에요. 현실에서 실천하며 사는 게 더 포괄적인 수행이라는 걸 제가 알아요. 그래서 여러분에게 말씀드리는 거예요.

누구에게나 자기 길이 있으니 그걸 무시할 수는 없어요. 각자의 특징이 있고 상황이 있어요. 자기 길을 가는 거예요. 그것을 인정하고 자연, 사회, 일, 인연 속에서 실천하며 사는 것이 중요해요. 어려운 길이지만 가 볼 만한 길이지요.

●

다시는 몸을 받지 않고 싶습니다. 어떻게 해야 할까요?

다시는 몸을 받지 않으려면 무기공無記空으로 태어나야 하는데, 6계를 확실하게 관찰해 없애거나 변하게 해야 가능합니다. 그냥 안 태어날 수는 없어요. 6계를 관찰해서 그것이 다 지혜나 공성으로 바뀌면 화합하려는 마음 작용이 끊어져요. 그러면 죽은 후에 다시는 영혼이 태로 안 들어가요.

마음이 뭉치려는 생각이 있으면 지수화풍공식을 가지고 뭉쳐요. 뭉치려고 하는 마음이 엄마 태 속으로 들어가 지수화풍공식을 모아 눈을 만들고 코를 만들고 뼈를 만들어요. 뭉치려는 마음이 모여 "으싸으싸, 손을 만들자. 발을 만들자." 합니다. 6계가 모여야 영혼이 태 속에 들어가 몸을 만들 수 있어요. 만들려는 마음이 없으면 영혼이 태로 들어가지 않아요.

천상계는 태로 태어나지 않고 정신으로 태어나요. 수라의 마음은 천상계에 태어나도 위를 지향하는 강한 정신이라 치고 올라가요. 치고 올라가 힘으로 천天에 붙지만 마음은 천이 아닙니다. 그래서 하늘 위로 올라가서도 싸움을 벌여요. 수라의 마음은 하늘로 올라가 하늘과 싸웁니다. 수라가 밑으로 떨어지면 같은 속성으로 떨어지기 때문에 아귀가 돼요.

지수화풍공의 마음이 다 비워지면, 아무리 전생의 인연이 많아도 그 인연으로 다음 과보를 받는 일은 없어요. 마음 가장 안쪽에는 아뢰야식이 있습니다. 아뢰야식을 과보식이라고 해요. 전생의 기록이 거기 다 있어요. 업장식, 이숙식이라고도 하지요. 우리가 별것을 안 했는데 일이 눈덩이처럼 불어나는 경우가 있어요. 살짝 넘어졌는데 크게 다쳐요. 그때 잘 보세요. 마음에 뭔가 끌어다 잔뜩 쌓아놨을 거예요. 그때 옆에서 더 갖고 오라고, 같이 가자고 부추깁니다.

그렇게 선과 악의 조건이 맞으면 일이 커지는 거예요. 빵 만들 때 반죽이 부풀어 오르듯 커져요. 그래서 이숙이라 하고 그 마음을 이숙식이라고 해요. 부풀었던 게 다 빠져도 부풀었던 기억이 남아요. 부풀었던 기억은 또 부풀 일을 만들어요. 그래서 수행은 아뢰야식까지 해결해야 합니다.

중생의 특징은 욕구대로 사는 것입니다. 중생은 끊임없이 욕구를 굴리며 살아요. 보살은 중생이 달라는 대로 줘요. 그러면서도 중생을 구제했다는 업식의 종자를 마음에 심지 않아요. 그러니 보살이 주는 걸 먹으면 마냥 배불러요. 그런데 중생은 자신의 업종자대로 주니 받아먹은 사람은 탈이 나요. 부모가 자식에게 바라는 마음으로 주니 탈이 나요. 내 자식만 주는 업종자, 성공하라는 업종자의 마음을 빼고 줘야 좋아져요. 그래야 자식이 편안하게 잘 됩니다. 무주상보시가 그것이에요.

우리는 몇몇 업종자를 갖고 이 세상에 와서 그걸로 운용해 살아갑니다. 그래서 팥은 팥 생각밖에 못하고, 콩은 콩 생각밖에 못해요. 인간은 인간 종자로밖에 생각을 못해요. 그래서 종자의 의미를 알아야 해요. 종자의 의미를 알고 지수화풍공식을 관찰하면 다르게 살 수 있어요. 나의 업종자가 뭔지, 그걸로 내가 뭘 만드는지 아는 게 필요합니다. 모르니 세세생생 그 타령입니다. 그래서 자기 심리의 토대를 봐야 합니다.

진짜 마음은 '공'과 비슷해요. 모두 다 들어오게 하지 분별하지 않아요. 가짜 마음을 '나'라고 인식하면 안 됩니다. 그걸 객진번뇌客塵煩惱라고 해요. 먼지 같은 객이 들어와 주인 행세를 한다고 그런 이름을 붙였어요. 내 진짜 마음은 그렇지 않은데 객의 마음에 맨날 속거든요. 손님을 나라고 생각해서, 조금만 건드려도 파르르하잖아요. 지성이 떨어지면 객손님이 나라고 생각하지 않아요. 객진은 풍성, 화성, 수성을 통해서 분해됩니다. 내가 풀어지면 관계만 남아요. 내가 풀어져서 관계성이 되는 것을 불교에서는 연기라고 해요. 내가 없고 관계성으로만 있어 법성法性이라고 해요. 진리를 아는 건 최고의 공덕이요, 최고의 행복입니다. 진리를 알면 더 이상 괴로움을 만들지 않아요.

자연을 만나 수용하는 우리는
충분히 행복합니다

나와 너를 함께 아는 것을 지혜라고 합니다. 지혜는 언제나 우리를 비추고 있음에도 우리는 언젠가부터 그 빛을 잃고 존재 이유조차 모르고 살고 있습니다. '왜 이렇게 허겁지겁 살아가지?' 의문을 던져 봅니다.

명상하는 사람들은 오랜 시간 좌선하면서 마음을 보려고 노력합니다. 저 또한 그랬습니다. 세세생생의 마음 짐을 빨리 내려놓지 못해, 탐진치 삼독심이 쉽게 사라지지 않아 탄식했습니다. 그러다가 자연 명상을 시작했습니다. 우리 곁에 늘 있는 자연은 아무 잣대도, 분별도 없이 평등하게 우리를 받아 줍니다. 나의 마음과 자연의 마음이 하나 되는 것이 자연 명상입니다. 저 산, 바다,

하늘, 햇빛, 별빛이 우리와 함께하는 것을 인식하는 순간, 우리 마음은 비로소 고단함을 내려놓고 위안받게 됩니다. 쉬게 됩니다.

이 책은 자연과 함께하는 과정이 모두 명상이고 수행임을 밝힙니다. 봄기운을 받으며 걷던 산길, 소낙비 소리로 마음이 움직이던 여름 오솔길, 낙엽과 단풍에 환호하며 기뻐하던 가을날, 들고 나며 철썩이는 파도를 보며 시원해하던 우리의 마음, 우리 가슴을 세차게 차갑게 얼리던 한겨울의 바람, 겨울 밤하늘을 크리스마스트리처럼 수놓아 주는 낙엽송 사이에서 반짝이는 별님들, 파란 하늘과 짝지은 망망대해… 자연을 만나 수용하던 우리의 몸과 마음은 충분히 행복했습니다.

백화도량에서 도반들과 온몸으로 자연을 느끼고 받아들이며 경험했던 명상의 여정이 '자연 명상법'으로 만들어졌습니다. 마음을 다해 자연을 받아들이며 경험했던 명상의 여정을 담은 책입니다.

자연과 마음의 관계를 밝히려고 노력했고, 대아의 마음과 지혜에 이르는 것을 목적으로 이 책을 썼습니다. 책의 내용은 불교 경전에 기반하고 있으며, 불교 전통 수행법에 기대어 쓰여졌습니다. 자연 명상의 소재는 헤아릴 수 없이 많고 다가갈 수 있는 방법도 무궁무진합니다.

독자 여러분이 자연 명상은 누구나 어디서나 쉽게 할 수 있는 것이라는 점을 알았으면 좋겠습니다. 자연 명상은 이 순간 창문만 열어도 누구나 할 수 있는 마음 확장법, 스트레스 해소 방안임을 밝힙니다.

이 책을 위해 백화도량의 여러 도반들이 강의 녹취를 풀었습니다. 노고에 감사드립니다. 홍진숙 도반이 더 많이 도왔습니다. 고맙습니다. 담앤북스 오세룡 사장님과 이하 출판사 관계자 분들께도 감사드립니다. 아울러 자연 명상할 때마다 어김없이 사마타력을 발휘해 준 각종 법계 자연에게 이 책을 바칩니다.

2022년 1월

강명희

자연과 교감하는 새로운 명상법

자연 속으로, 마음안으로

초판 1쇄 발행 2022년 2월 20일

지은이 강명희

펴낸이 오세룡

편집 안중희 전태영 유지민 박성화 손미숙

취재·기획 최은영 곽은영 김희재 진달래

본문 디자인 강진영(gang120@naver.com)
　　　　　 고혜정 김효선

홍보·마케팅 이주하

펴낸곳 담앤북스
　　　 서울특별시 종로구 새문안로3길 23 경희궁의 아침 4단지 805호
　　　 전화 02)765-1250(편집부)　02)765-1251(영업부)　전송 02)764-1251
　　　 전자우편 damnbooks@hanmail.net
　　　 출판등록 제300-2011-115호

ⓒ강명희, 2022

ISBN 979-11-6201-349-6 (03190)

정가 15,000원